GUIARAMA COMPACT

AF277718

Marruecos

ANAYA
TOURING

Autor: **Roger Mimó**
Actualización: **Francisco Sánchez**
   con la colaboración: **Younes Mahjoure**

Responsable de proyecto: **David Lozano**
Edición y maquetación: **Edipratt**
Cartografía: **ANAYA Touring**
Producción: **Juan José Rodríguez**, **Olga Hernando** y **Antonio Mellado**
Diseño de la colecccición: **marivies**

Procedencia de las fotografías:
Archivo fotográfico de Grupo Anaya excepto: **123RF:** 30-31, 112-113. **Depositphoto:** 8, 10, 11 sup., 16, 21 inf., 31 inf., 36, 46, 50, 57, 84, 118, 127 (2), 129. **Geomedia:** 85, 106. **iStockphoto:** 20, 41, 91, 98, 133, 134, 135. **Leiva, Á de/Anaya:** 94. **Shutterstock:** 2, 6-7, 9, 11 inf., 12 (2), 14, 15, 18-19, 20, 21 sup., 22, 24, 25, 26-27, 28, 29, 31 sup., 32-33, 40, 41, 42, 43, 44, 45, 47, 48, 49, 51, 52-53, 54, 55, 56, 60, 61, 62, 63, 64, 68, 69, 70, 71, 72, 73, 76, 78, 79, 82-83, 86, 87, 88, 89, 92, 96, 97, 99, 104, 105, 107, 108-109, 110, 111, 114, 115, 116,117, 126, 128 (2), 130, 132. **Zuazo, A.H./Anaya:** 90.

10ª edición, 2024

© Grupo Anaya, S. A., 2024
   Valentín Beato, 21. 28037, Madrid
   www.guiasdeviajeanaya.es

Depósito legal: M-08.889-2024
ISBN: 978-84-9158-742-2
Impreso en España-Printed in Spain

PAPEL DE FIBRA
CERTIFICADO

La información contenida en esta guía ha sido cuidadosamente comprobada antes de su publicación. No obstante, dada la naturaleza variable de los datos, recomendamos su verificación antes de salir.

Contenido

Cómo usar esta guía

Esta **Guiarama** de **Marruecos** se divide en cinco secciones que abarcan los aspectos más importantes de la visita al país.

Una mirada a Marruecos, páginas 6-17

Presentación
Perfil de Marruecos
No hay que perderse
Breve historia de Marruecos
Naturaleza y paisaje
Personajes famosos

Diez lugares inolvidables, páginas 18-31

La elección del autor de los diez lugares más atractivos, todos con información práctica.

Visita a Marruecos, páginas 32-111

Se divide la visita en cuatro capítulos correspondientes a las distintas zonas para visitar en el país. En cada uno se detallan las ciudades y lugares de interés con sus apartados de información práctica (horarios, transportes...), listados en los márgenes. Además se incluyen numerosos paseos a pie y excursiones en coche para realizar por los alrededores.

Dónde..., páginas 112-135

Información detallada sobre restaurantes, alojamientos, compras, viajar con niños, lugares para divertirse, fiestas y celebraciones, deportes, etc.

Información práctica páginas 136-141

Toda la información general, necesaria para moverse por el país y presentada de forma visual.

Mapas y planos

Todas las referencias lo son a los planos que se encuentran intercalados a lo largo de la guía. Por ejemplo, el Museo de la Casba va seguido de la referencia 🔟 39 (C2) que indica la página del plano (39) y las coordenadas (C2) donde se halla el edificio.

Topónimos

En Marruecos, los topónimos y nombres de los monumentos e indicaciones se encuentran normalmente traducidos al francés, por eso hemos optado por mantener este idioma en toda la guía (al menos entre paréntesis) para facilitar su identificación.

Precios

El precio aproximado de los establecimientos se indicará mediante los signos:
C caro, **M** moderado y **E** económico.

Clasificación por estrellas

La mayoría de los lugares descritos en el libro se han clasificado por su grado de interés así:

✱✱✱	Visita obligada
✱✱	Muy interesante
✱	Interesante

Símbolos utilizados

A lo largo de la guía se han utilizado símbolos sencillos y claros para indicar las siguientes categorías:

- 🔵 referencia a los planos de ciudades
- ✉ dirección o localización
- 📞 número de teléfono
- 🕐 horario
- 🍴 restaurante o café
- 🚌 rutas de autobús y tren
- 💻 página web
- ℹ información turística
- 🎫 precio de entrada
- ✚ otros lugares de interés cercanos
- ▶ referencia a la página con información más detallada

Una
mirada a
Marruecos

Presentación

Marruecos es un país fascinante por su increíble variedad paisajística, por el carácter abierto de sus habitantes, sus muchas tradiciones íntegramente conservadas y por ofrecer la posibilidad de investigar y descubrir cada día nuevos aspectos de su riquísima y desconocida cultura. Su geografía sorprende a cada visita, ya que constituye una fuente inagotable de inspiración.

Así pues, el viajero podrá recorrerla una y otra vez sin llegar a ver aplacada su curiosidad, incluso sin una necesidad específica de visitar nuevas zonas: basta con profundizar más cada día en los mismos lugares que ya daba por conocidos para encontrar nuevos matices y detalles insospechados que satisfagan sus ansias de exploración.

Si el primer contacto del viajero con Marruecos probablemente resulta difícil debido a las manifiestas diferencias culturales y al afán de ganarse la vida vendiendo mercancía a los viajeros, a la larga, uno se da cuenta de que en realidad esta práctica es minoritaria. Sorteado esto, el visitante se encontrará con un pueblo amable que abre de par en par las puertas de su corazón y de sus hogares.

Marruecos, sus ciudades, sus comunicaciones se han modernizado de manera rápida en los últimos años. Esto también ha afectado a los precios con un encarecimiento progresivo de comida, restaurantes y alojamientos. Paralelo a este fenómeno ha aumentado de manera considerable el turismo, sobre todo en las grandes ciudades como Marrakech, Tánger, Chauen, Fez, Casablanca o Rabat.

▼ Caravana de camellos en el desierto del Sahara.

Perfil de Marruecos

Geografía

La cordillera del Gran Atlas, con algunas cumbres de más de 4.000 m, divide Marruecos en dos zonas principales: al noroeste, las llanuras y mesetas agrícolas que reciben la humedad del océano Atlántico y, al sureste, las tierras áridas azotadas por los vientos del Sahara.

Existen otros macizos montañosos, entre los que destacan el Rif, el Atlas Medio y el Anti-Atlas, otorgan a cada región un paisaje particular. Incluso en las zonas desérticas, no faltan tampoco los asentamientos humanos gracias a la presencia del agua en los oasis.

El relieve accidentado y elevado de Marruecos hace que sus costas, especialmente la Mediterránea, alterne zonas rocosas de acantilados y grandes arenales, sobre todo en la mitad sur del país.

Población

Las raíces del pueblo marroquí son muy diversas. Los grupos más importantes son los beréberes, establecidos en el país desde hace varios milenios, y los árabes, llegados en olas migratorias procedentes de Oriente y también de Al-Andalus tras la Reconquista, además de los africanos, traídos como esclavos. Hoy, un 60 por 100 de los marroquíes tiene en el árabe dialectal su lengua materna.

Marruecos tiene 38 millones de habitantes, con una importante población emigrante (unos 3,3 millones) que se han desplazado especialmente a España (24 %), Francia (32.5 %) e Italia (14 %). En España es la comunidad de emigrantes más numerosa con cerca de 900.000 habitantes.

Casablanca es una de las ciudades más pobladas de África, su área metropolitana supera los 4 millones.

Economía

Los pilares de la economía marroquí son la agricultura, la explotación del subsuelo –destacando sobremanera los fosfatos– y los riquísimos bancos de pesca y el turismo, este último actualmente en pleno desarrollo.

La ganadería, por su parte, sirve para abastecer el consumo interno, mientras que la industria solo tiene importancia en algunos sectores, como el textil y la confección. La necesaria importación de petróleo y de productos acabados hace que la balanza de pagos con el extranjero siga siendo deficitaria.

▼ Niños marroquíes.

Marruecos en internet

www.marruecosdigital. info. Portal de Marruecos en español.

www.turismomarruecos. net. Web privada de agencia con completa información práctica sobre destinos, rutas, excursiones, actividades… en español.

www.visitmorocco.com. Con el subtítulo "La reina de la luz", es la web oficial de la Oficina Nacional de Turismo de Marruecos en varios idiomas entre ellos el español. Completa información de actividades.

www.tourisme.gov.ma. Es una web más técnica e informativa que práctica en amazigh, árabe, francés e inglés.

La **esencia** de **Marruecos**

Es un país que tiene de todo para el visitante: ciudades antiguas repletas de monumentos medievales; playas interminables tanto en el Mediterráneo como en el Atlántico; cumbres nevadas, algunas de las cuales alcanzan los 4.000 m; tupidos bosques de cedros, encinas o pinsapos; un maravilloso y variado desierto que hace las delicias de los amantes del 4x4; numerosos oasis, en los que se concentran un millar de casbas y pueblos fortificados hechos de tierra; ruinas fenicias o romanas de gran valor; tres centenares de yacimientos de grabados rupestres; hoteles confortables, estaciones balnearias y, sobre todo, unas tradiciones bien conservadas que son el orgullo de su población.

No hay que perderse…

Entre las múltiples experiencias inolvidables que aguardan al visitante en Marruecos, no debería perderse las que siguen:

▌ **Beber té con menta,** cargado de azúcar. Los marroquíes lo toman a todas horas.

▌ **Sentarse en un café popular** y permanecer en él sin prisas, viendo pasar a los transeúntes, tal y como hacen ellos.

▌ **Saborear un cuscús** con siete legumbres y carne, sin olvidar otros platos exquisitos de la cocina marroquí.

▌ **Ir a un hammam,** o baño de vapor y dejarse frotar la piel por un masajista profesional hasta que la piel quede sin ninguna impureza, como un bebé.

▌ **Perderse por una medina** y pasear por sus callejuelas sin buscar nada concreto. Al final siempre se acaba llegando a un lugar conocido.

▌ **Pasear entre las dunas de arena** y sentir nuestra insignificancia ante la inmensidad del desierto.

▌ **Alojarse en alguna "riad"** de la medina en las ciudades y en alguna antigua casba restaurada en el sur.

▌ **Visitar una mezquita.** La mayoría están reservadas a los musulmanes, pero hay algunas excepciones, como la moderna y lujosa mezquita de Hassan II en Casablanca (▶73) o la tradicional y austera mezquita Ikelane, en las afueras de Tinerhir (▶25).

▌ **Asistir a una celebración familiar** tipo boda o bien a un moussem tipo el de Tan-Tan o Imilchil.

▌ **Ir de compras al zoco** y tratar de obtener un buen precio mediante regateo, a sabiendas de que siempre se acabará pagando más de la cuenta.

▲ Té y fruta servidos en la piscina de un hotel de lujo.

◀ Puerta en la mezquita en Fez.

▼ Participantes en un moussem, vestidos a la manera tradicional.

Breve historia de Marruecos

1200 a.C. Los fenicios crean bases comerciales en la costa.

118 a.C. Bocchus I funda en el Magreb el Reino de Mauritania, heredero de la cultura cartaginesa, pero situado bajo influencia romana.

42 El Reino de Mauritania es absorbido por Roma y dividido en dos provincias. La Tingitania se corresponde con el futuro Marruecos.

681 Un ejército musulmán procedente de Kairuán, bajo el mando de Sidi Oqba, llega a Marruecos. Empiezan las conversiones al islam.

757 Los beréberes del valle del Ziz fundan el Reino islámico de Sijilmassa.

788 Idris I, descendiente de Mahoma, llega a Volubilis y es coronado rey. Fundación de Fez y de la dinastía Idrisida.

920 El Reino de Fez es ocupado por los fatimíes de Kairuán y, medio siglo después, por el califato de Córdoba.

1053 Los almorávides, beréberes de Mauritania, inician la invasión de Marruecos que culminará con la fundación, 9 años más tarde, de Marrakech y la ocupación de Al-Andalus.

1146 Los almohades, beréberes del Anti-Atlas, toman Marrakech y sustituyen a los almorávides. Se inicia así la arabización de Marruecos.

1248 Los meriníes, beréberes de las estepas orientales, consiguen hacerse con el poder y trasladan la capital a Fez.

1415 Con la toma de Ceuta, los portugueses inician la ocupación de la costa marroquí. Esto provoca reacción en las cofradías islámicas.

1471 Los uatasíes sustituyen a los meriníes en el trono, pero no consiguen expulsar a los portugueses de sus posesiones.

1525 Los saadíes alcanzan el poder con el apoyo de las cofradías religiosas y emprenden una victoriosa campaña contra los portugueses.

1578 Ahmed el Mansour vence a los portugueses en la batalla de Oued el Makhzen, en la que pierde la vida el rey Dom Sebastián.

▼ Ruinas de la basílica en la antigua ciudad de Volubilis.

1631 Moulay Ali Sherif, descendiente de Mahoma, funda en el Tafilalet la dinastía alauita para sustituir a los saadíes.

1672 Moulay Ismail sube al trono.

1757 Sidi Mohamed Ben Abdellah, nieto de Moulay Ismail, favorece el comercio internacional.

1830 Francia ocupa Argelia.

1912 Francia impone a Marruecos el protectorado cediendo a España la administración de la zona norte.

1921 El ejército español, que trataba de ocupar el Rif, es derrotado en Annual por las tropas de Abdelkrim.

1927 Sube al trono Mohamed V y adopta una actitud hostil hacia el protectorado. Se suceden los enfrentamientos verbales y los incidentes.

1953 Mohamed V es depuesto por los franceses, lo que provoca una reacción nacionalista en todo el país.

1956 Marruecos alcanza la independencia.

1961 A la muerte de Mohamed V sube al trono su hijo, Hassan II.

1975 Con la Marcha Verde, Marruecos obtiene el fin de la colonización española y ocupa el Sahara, pero el Frente Polisario reclama la independencia del territorio. Empieza la guerra.

1991 Alto el fuego en el Sahara.

1999 Fallece Hassan II. Le sucede su hijo Mohamed VI.

2003 Fanáticos islamistas cometen atentados suicidas en Casablanca.

2010 Incidentes en la frontera de las ciudades autónomas de Ceuta y Melilla.

2011 La Primavera Árabe supone una agilización del proceso democratizador emprendido por Mohamed VI.

2015 Se simplifica la estructura estatal pasando de 16 a 12 regiones autónomas.

2016 Se produce un fuerte seísmo al sur del mar de Alborán, provocando daños en esta ciudad, Nador y Melilla.
Un partido islamista moderado (PJD) gana las elecciones por segunda vez pero con la oposición del PAM (centro-izquierda). El nuevo primer ministro es A. Benkirán.

▌ Actualidad

2017 El psiquiatra El Othmani dirige una coalición de partidos con el PJD y sustituye a A. Benkirán sin conseguir mejorar la crisis política.

2018 El discurso anual del rey Mohamed VI se celebra en Alhucemas, lugar donde se originaron las manifestaciones en contra del gobierno marroquí. Acaba el mandato de la MINURSO en el Sahara Occidental. Se prevén nuevas elecciones para 2021.

2021 Se celebran las elecciones con la victoria de la Reagrupación Nacional de Independientes. Aziz Ajanuch, empresario y multimillonario marroquí toma el cargo de primer ministro.

2023 Un fuerte terremoto destruye aldeas y deteriora edificios en la región de Safi-Marrakech.
España apoya la propuesta de Marruecos de autonomía (no autodeterminación) del Sahara Occidental, de facto bajo soberanía y administración marroquí.

2030 Se celebrará el Mundial de Fútbol en Marruecos conjuntamente con Portugal y España, lo que ha servido para acelerar el desarrollo urbanístico y de comunicaciones de sus sedes, las principales ciudades del país.

Naturaleza y paisaje

Por mucho que las ciudades marroquíes estén creciendo de manera acelerada, aún quedan en el país enormes extensiones de montes, desierto, costas y terreno agrícola.

❚ El desierto

Contra la tan generalizada idea de asociar la palabra "desierto" a los campos de dunas, estos últimos ocupan solo una pequeñísima parte del verdadero desierto en el que se combinan las llanuras de tierra o arena, las crestas de roca y los oasis, que no aparecen como la típica charca con tres palmeras alrededor, sino como zonas agrícolas de mayor o menor extensión a las que llega el agua por una u otra vía, lo que permite cultivar diferentes gramíneas, hortalizas y frutales, entre ellos la palmera datilera. Algunos oasis, como el Tafilalet o el valle del Todra, cuentan con cientos de miles de árboles, y en ellos viven millares de personas. En cuanto a los campos de dunas, en realidad Marruecos cuenta con pocos, pero muy hermosos, en los alrededores de Mhamid y de Merzouga. La fauna del desierto es más variada de lo que puede parecer a primera vista y destacan el chacal, el feneco, la víbora, la cobra, la gacela (rara) y el omnipresente dromedario.

❚ La costa

Entre el Mediterráneo y el Atlántico, Marruecos dispone de casi 3.600 km de costas incluyendo el Sahara. Como paisajes litorales destacan las dunas de arena, pero también los acantilados, las playas y numerosas lagunas conectadas al mar en las que hallamos una gran variedad de aves sedentarias o migratorias, incluidas algunas especies en peligro de extinción. Si bien las mejores playas están siendo objeto de un plan de urbanización turística, todavía quedan muchos tramos de costa prácticamente virgen.

❚ Las cadenas montañosas

Marruecos es un país muy montañoso, y cada cordillera lleva impreso su propio carácter. El Rif, paralelo a la costa mediterránea, es extremadamente verde y boscoso en su parte occidental, donde abundan los jabalíes y macacos, pero bastante árido en la parte oriental. El Atlas Medio, cuyas máximas cumbres alcanzan los 3.000 m, resulta muy húmedo y fértil por la influencia directa del océano, contando asimismo con algunos volcanes y numerosos lagos.

▼ Cascadas de Azilal

El Gran Atlas incluye macizos graníticos como el del Toubkal, el pico más elevado de Marruecos con 4.167 m de altura, y otros, calcáreos, jalonados de profundos desfiladeros que ofrecen en su conjunto un fantástico paisaje lleno de vida.

El Anti-Atlas, compuesto básicamente de granito y basalto, sorprende por su carácter agreste e inhóspito y se prolonga hacia el este con el jebel o monte Saghro. Pero, además de estas grandes cadenas, existen muchas otras de menor relevancia, aunque igual de bellas y atractivas, como el Jebel Mahsur o el Jebel Tazzeka, cubiertos de bosques en la región oriental, o el interminable Jebel Bani, en los confines del desierto.

▲ Desierto rocoso de Tagounite.

▌ Las llanuras interiores

Aparte de las montañas, también las mesetas y depresiones del interior incluyen interesantes ecosistemas, como el bosque de alcornoques de la Mamora y la reserva de Sidi Boughaba en la región de Kénitra, o como la desembocadura del río Moulouya y los diferentes embalses donde se concentra una variada fauna avícola.

▌ Huertos y jardines

En Marruecos se usa mucho la palabra francesa *jardins,* haciendo referencia a los huertos, principalmente olivares, plantados con frecuencia en los límites de las ciudades y utilizados tradicionalmente como zonas de recreo. Sin embargo, también existen hermosos jardines de flores y plantas exóticas, como el de Bouknadel, cerca de Rabat y, en Marrakech, los de Majorelle, la Palmerie y el la Mamounia.

Personajes famosos

❚ Moulay Idriss (Mulay Idrís)

Descendiente de Mahoma y enemistado con los omeyas, Moulay Idriss huyó de Damasco en 787 y llegó a Volubilis, donde fundó un reino con Fez como capital. Envenenado en 792, sería sustituido por su hijo Idriss II. Su tumba es muy venerada en el pueblo que lleva su nombre.

❚ Ibn Battuta (1304-1377)

Originario de Tánger, Ibn Battuta recorrió todo el mundo islámico durante la primera mitad del siglo XIV, dejando como legado una interesantísima descripción de sus viajes.

❚ Ibn Jaldún (1332-1406)

Nacido en Túnez en 1322, de familia andalusí, el historiador Ibn Jaldún vivió durante años al servicio de los meriníes de Fez. Fue el primero en interpretar la historia como una sucesión de causas y efectos, considerándole casi como el padre de la historiografía moderna.

❚ Moulay Ismail (1645-1727)

Fue el tercer sultán de la dinastía alauita, Moulay Ismail reinó entre 1672 y 1727, consiguiendo someter en este largo periodo a todas las tribus y cofradías desde Tlemcen hasta el río Senegal, imponiendo el orden y construyendo centenares de fortalezas, mezquitas y palacios que todavía hoy admiramos.

❚ Abd el-Krim (1882-1963)

Líder rifeño que dirigió la resistencia contra el colonialismo francés y español. Se le atribuye la matanza de soldados españoles conocida como el Desastre de Annual. Fue presidente de la República del Rif entre 1921 y 1927. Murió exiliado en El Cairo después de la descolonización del Magreb.

▶ Guardia en la entrada del mausoleo Mohammed V (Mohamed Ben Yusef).

▌ S.A.R. Mohamed V (1909-1961)

Entronizado como sultán en 1927, Mohamed ben Youssef luchó por la abolición del protectorado, objetivo que consiguió en 1956, no sin antes haber sufrido un bienio de exilio en Madagascar. Estas circunstancias le granjearon aprecio de su pueblo.

▌ S.A.R. Hassan II (1929-1999)

Coronado en 1961, Hassan II gobernó el país con mano firme durante cuatro décadas, demostrando una gran habilidad en las relaciones internacionales y atajando cualquier tipo de disidencia interna. Gozó de gran popularidad entre sus súbditos y fue llorado por todos a su muerte en julio de 1999.

▌ Fátima Mernissi (1940-2015)

Socióloga nacida en Fez y formada en Estados Unidos. Fue autora de interesantes estudios acerca del papel de la mujer en la sociedad islámica. Es autora de obras como *Marruecos a través de sus mujeres* o *Las sultanas olvidadas.*

▲ Fátima Mernissi.

▌ Tahar Ben Jelloun (1944-)

Escritor establecido en París, Tahar Ben Jelloun escribe novelas y relatos breves en francés, con la vida diaria marroquí como tema principal y con una extraña mezcla entre realidad y fantasía.

▌ Jean Reno (1948-)

Juan Moreno y Herrera-Jiménez, más conocido como Jean Reno nació en Casablanca, protectorado francés en 1948, es un actor francés de ascendencia española conocido por actuar en películas como *Léon* y *El gran azul,* ambas de Luc Besson.

▌ Saïd Aouita (1959-)

Habiendo obtenido la medalla de oro de los 5.000 m en los Juegos Olímpicos de 1984, Aouita se convirtió en una figura mundial del atletismo.

▲ Jean Reno.

▌ S.A.R. Mohamed VI (1963-)

Desde su acceso al trono en 1999, Mohamed VI ha ido profundizando en el proceso democratizador iniciado en el reinado de su padre. Numerosos altos cargos de la Administración han cambiado de manos, se ha iniciado la lucha contra la corrupción y concedido nuevas libertades, si bien las amenazas de los islamistas y de otras corrientes desestabilizadoras le hacen avanzar con pies de plomo.

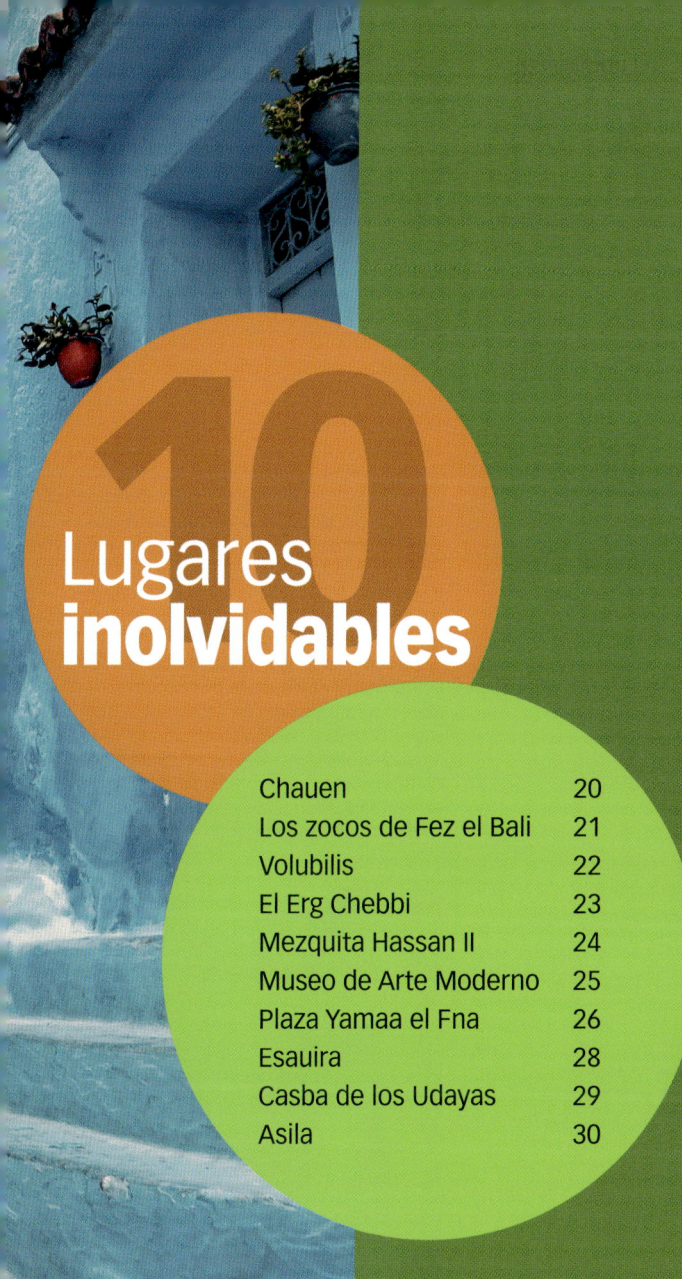

10
Lugares
inolvidables

Chauen

1

Esta hermosa ciudad (se pronuncia simplemente "Chauen"; 43.000 habitantes), colgada en la falda de una montaña, a 500 m de altitud, atrae a los viajeros por su carácter abierto y sus buenas tradiciones.

Info

- ✉ A 106 km de Ceuta y 110 km de Tánger
- 🏛 Museo de la Casba, 9-17.30 h; en verano hasta las 18.30 h
- 🎫 60 DH
- 🚌 Estación de Autobuses, Avenue Maghreb Arabe (telf. +212 5 39 98 76 69)

La medina se compone de diferentes barrios, cada uno con su mezquita, horno y baño público, y todos se configuran del mismo modo: callejuelas estrechas y retorcidas en las que abunda un comercio muy activo y talleres donde los artesanos pintan muebles de madera o tejen las mantas típicas de la región. Tanto los muros encalados de las viviendas como los tejados –de teja roja– recuerdan a los pueblos andaluces, pero los siempre presentes alminares y sobre todo los lugareños, envueltos en sus gruesas chilabas de lana, nos llevan constantemente a los paisajes de África.

En el centro de la medina se abre la gran **plaza Uta el Hamam**, ocupada por las terrazas de las cafeterías. Desde aquí se accede al interior de la casba, donde un palacio construido en tiempos de Moulay Ismail (siglo XVII) ha sido reconvertido en **Centro de interpretación del patrimonio y Museo etnográfico**. Además de este interesante museo, el recinto incluye un bello jardín y unas escalofriantes mazmorras.

❚ El origen de la ciudad

Fue una casba fundada en 1471 como base de la lucha contra los portugueses. Tras la caída de Granada, esta se pobló de musulmanes y judíos expulsados de la Península, que levantaron sus barrios con un marcado carácter andalusí. El ejército español la ocupó en 1920, pero pronto tuvo que retirarse de nuevo y no consiguió someterla hasta el final de la Guerra del Rif, en 1926. Cerrada durante siglos a los cristianos, hoy se ha convertido sin embargo en un destino turístico de primer orden, gracias a su encanto, su belleza y la tranquilidad que transmiten sus calles.

Los zocos de Fez el Bali

Deambular sin guía y sin rumbo fijo por los laberínticos zocos de Fez el Bali es una experiencia que, aunque requiere cierto coraje, resulta apasionante y muy enriquecedora.

2

◄ Medina de Fez.

Info

✉ En plena medina de Fez.
A 306 km desde Ceuta,
298 km desde Casablanca
🏛 Delegación de Turismo Pl.
Mohamed V: 535 623 460
💻 www.festourism.org
🕐 Animación desde las 9 h
hasta la puesta de sol.
Viernes cerrado
🚌 Existen dos estaciones
la principal al sur de Ville
Nouvelle, telf. 0800 090 030;
www.ctm.ma
🛏 Libre
✈ Fez (►49)

La **medina de Fez** puede considerarse el modelo perfecto de ciudad árabe, caótica y enrevesada, pero construida en base a unos cánones muy estrictos. El núcleo central es la gran **mezquita kairuainí (mezquita al Karaouine).** A su alrededor se distribuyen los diferentes zocos, entre los cuales encontramos las madrazas, donde se alojaban los estudiantes y los *fondouks* o caravaneras. Más lejos están los barrios residenciales, dentro de los cuales las callejuelas van bifurcándose hasta desembocar en callejones sin salida, una buena manera de pasar paulatinamente del espacio público al privado.

Hay zocos comerciales en los que se ofrecen mercancías recién llegadas del campo, de ciudades vecinas o de lejanas tierras, y otros, zocos laborales, donde los artesanos de cualquier especialidad elaboran sus productos para, posteriormente, venderlos al por mayor u ofrecerlos directamente a los consumidores. Los zocos más próximos a la gran mezquita son limpios y agradables, esto es, los de los libreros o perfumistas. Un poco más alejados se sitúan los vendedores de especias y aquellos que ofrecen telas o babuchas. Los más retirados son el zoco de los alfareros (a causa del humo que provocan sus hornos) y el de los curtidores de pieles. En el caso de Fez, el primero, que se hallaba en el barrio andalusí, se ha trasladado a las afueras de la ciudad. Los curtidores, por el contrario, siguen instalados junto al río, en un recinto muy colorido y atractivo a la vista, pero de insoportable olor. Allí, los artesanos trabajan en ínfimas condiciones de salubridad.

▼ Curtidores de pieles en Fez.

Volubilis

Al pie del monte Zerhoun, entre olivares y trigales, la antigua capital romana se yergue como el yacimiento arqueológico mejor conservado y estudiado de Marruecos.

3

Info

- ✉ Desde Ceuta 270 km; desde Mequínez 33 km
- 🌐 www.sitedevolubilis.org
- 🕐 De 8.30 h hasta la puesta de sol
- 🎟 70 DH; con guía 250 DH
- ℹ Taxis desde Mequínez (Meknès) hasta Moulay Idris

▼ Los mosaicos son lo más valioso de Volubilis.

Importante bajo el Reino de Mauritania (en beréber *Ualili),* la ciudad pasó a manos romanas en el año 45 y se convirtió en capital casi permanente de la provincia de Mauritania Tingitania hasta el año 285, cuando cayó en manos de las tribus beréberes, habiendo alcanzado su mayor esplendor poco antes. Entre sus actividades económicas destacaban el comercio de aceite y la exportación de leones para los circos de Roma.

Mucho después, en el año 688, acogió a Moulay Idris, fugitivo de Oriente, y sirvió de base para la fundación del futuro Reino de Fez.

El yacimiento, inscrito desde 1997 en la lista candidata a ser declarado Patrimonio de la Humanidad, ocupa una gran extensión en la que no hay ni una sombra, algo que obliga a realizar la visita al atardecer o a primera hora de la mañana.

Entre sus monumentos destacan las **fábricas de aceite;** la llamada **Casa de Orfeo,** por tener un mosaico dedicado a dicho personaje; la **basílica civil,** donde se reunían las autoridades y se impartía justicia; el **capitolio** o templo consagrado a la tríada capitular; el **foro** donde se discutían asuntos públicos; un arco de triunfo erigido en honor a Caracalla; el **palacio de Gordiano,** poco visible, y numerosas viviendas adornadas con otros interesantísimos mosaicos, distribuidas a lo largo del *decumanus maximus.*

A escasa distancia de las ruinas, colgado en la falda del Jebel Zerhun, se divisa el **sepulcro de Mulay Idris.**

El Erg Chebbi

A pesar de su limitada extensión, la hermosura de este enclave y las facilidades de acceso al mismo lo han convertido en uno de los mayores atractivos turísticos del sur de Marruecos.

4

Info

- 40 km al sureste de Rissani
- M-D: 9.30-17 h
- Xaluca Tombuctou y la Belle Etoile
- Taxis compartidos desde Risani a Merzuga y Hassi Labiad
- Libre

Este impresionante campo de dunas se alza unos 180 m por encima de la llanura pedregosa y se prolonga más de 20 km de norte a sur, formando una cadena de alrededor de 5 km de anchura. Es a primera hora de la mañana y al atardecer cuando alcanza su máxima belleza, gracias al contraste de luces y sombras.

Actualmente, la carretera asfaltada llega desde Risani hasta Merzuga y Hassi Labiad, ambas a los pies del *erg* y provistas de numerosos alojamientos de todas las categorías, pero muchos viajeros ya no se conforman con pernoctar aquí, sino que se adentran en el campo de dunas –andando o a lomos de un dromedario– para pasar la noche en alguno de los campamentos que se han ido creando en los últimos tiempos en diminutos oasis llenos de exotismo.

Lamentablemente, otros visitantes irrumpen a veces en tan romántico escenario con sus *quad* o sus potentes vehículos todoterreno, alterando la paz y la tranquilidad propias del desierto. Por este motivo es preferible ir al Erg Chebbi fuera de temporada turística, ideal para descubrir su magia, contemplar las estrellas del cielo y escuchar el silencio absoluto mientras se palpa la arena con las manos o los pies.

Mezquita Hasán II

5

Inaugurada en Casablanca en 1993 y construida en parte por aportaciones por suscripción popular, la edificación destaca por su carácter colosal, su lujo y por ser la única donde se permite el acceso a lo no musulmanes.

Info

- Bulevar Sidi Mohammed Ben Abdallah, Casablanca
- Visitas guiadas a las 9, 10, 11 y 15 h
- 120 DH; se puede acceder libremente a la explanada después de las 16 h.

Hammans

- Entrada básica (incluye exfoliación y masaje) 120 DH.
- Teléfonos diferentes hombres y mujeres: 522 472 761/ 522 472 763
- De lunes a miércoles de 12 h a 24 h; el último acceso a las 22.30 h. De jueves a domingo de 10 h a 24 h, el último acceso a las 22.30 h.

La mezquita se halla sobre una plataforma en una afloración rocosa junto al mar que parece flotar con la resaca del mar y la neblina litoral. Según un verso del Corán el trono de Dios se construyó, justamente sobre el agua y así lo parece en esta magna construcción. Los costosos materiales han sido colocados sin un especial sentido estético, lo que le da ese sentido ostentoso y artístico. Su minarete observable desde buena parte de la localidad tiene 210 m de altura. Su obra es una buena muestra de la artesanía marroquí, sobre todo en piedra y madera. Es una de las mayores mezquitas de África pudiendo albergar más de 100.000 fieles en el interior y sus patios anexos. La visita guiada incluye la sala de oración, una sala de abluciones muy alejada de la tradición marroquí y un hamán y piscina termal abierta al público.

Desde la mezquita parte el **Blvd de la Corniche,** un lugar especial para vivir de cerca el pálpito de una ciudad moderna. La Corniche pasa junto al faro y el barrio más obrero o Bourgogne con sus característicos bloques laterales de vistosas pinturas. Existen diversos restaurantes, balnearios, lugares para practicar el surf y centros comerciales monumentales como el existente cerca del **morabito de Ain Diab,** lugar pintoresco al que se accede por un acueducto (en actual adecuación). La Corniche también conecta con el prestigioso **barrio de Anfa** que se está convirtiendo con sus modernos rascacielos en el centro de negocios del país.

Museo de Arte Moderno y Gran Teatro (Rabat)

Rabat está modernizando sus espacios urbanos. Buena muestra de ello es el Museo de Arte Moderno y Contemporáneo, así como las nuevas construcciones que se han realizado en la ribera del río Bu Regreb destacando sus puentes, la marina, la torre Mohammed VI (250 m de altura) y el Gran Teatro que destacamos como espacio imprescindible en una visita a Marruecos.

6

El Museo Mohammed VI de Arte Moderno y Contemporáneo (MMVI) está en el corazón de la Ville Nouvelle y sus edificios administrativos, a pocos metros del Palacio Real. Ideado y financiado por el actual rey es una infraestructura muy moderna de inspiración arquitectónica marroquí y de grandes espacios interiores. La fachada es de estilo morisco andalusí del arquitecto Karim Chakor. Existe una exposición permanente de unas 400 obras (de arte abstracto y figurativo) de artistas marroquíes desde 1950 hasta la actualidad, así como muestras temporales de artistas de renombre internacional como Goya o Botero.

Por su lado el **Gran Teatro de Rabat** supone una curiosa construcción futurista de sinuosas formas curvas inspirado en los meandros del río y la caligrafía árabe, ocupando unos 27.000 m². Es obra de la arquitecta anglo-iraquí Zaha Hadid, quien falleció de un infarto durante su construcción. El edificio puede albergar 2.000 espectadores y el anfiteatro exterior a unos 7.000. Se espera que abra sus puertas en 2024.

Info

✉ Av. Moulay Hassan esquina av. Allal Ben Abdallah (Ville Nouvelle)
☎ 5 37 76 90 47
🕐 De 10-18 h; martes cerrado
💻 www.museemohammed6.ma
🎟 40 DH

▼ Gran Teatro de Rabat y al fondo la torre Mohammed VI.

Plaza Yamaa el Fna

7

Yamaa el Fna constituye el corazón de Marrakech, un corazón que palpita tanto de día como de noche con fuerza y pasión.

En contra de lo que se suele decir, el término *Yamaa el Fna* no significa "asamblea de cadáveres", sino "la mezquita de la destrucción", y hace referencia a un edificio que inició su construcción en tiempos de Ahmed el Mansour (siglo XVI) y que más tarde se vino abajo causando una catástrofe. Este incidente hizo cambiar su nombre original Jemaâ el Hna o "mezquita de la felicidad" por el actual.

La designación de esta zona como espacio lúdico y mercantil (antiguo zoco de viernes) parece anterior al levantamiento de la mezquita y podría corresponderse con el momento de la fundación de la ciudad por los almorávides. Aquí también se

Info

🕐 81 (B3)

Délégation Régionale du Tourisme
✉ 137, Avenue Mohammed-V – Place Abdelmmou- men Ben Ali
☎ +212 524 43 61 31

Cómo llegar
🛬 Marrakech-Menara a 6 km al suroeste de la localidad; telf. +212 52444791; el autobús nº 19 conecta con el centro
🚉 Av. Hassan II esquina Bulevar Mohammed V; www.oncf.ma
🚌 Gare Routière: Bab Doukkala

solía ahorcar a los malhechores, lo que despierta error en la interpretación de su nombre.

A instancias de una comisión encabezada por Juan Goytisolo, en 2001 la plaza fue declarada por la Unesco Patrimonio Oral de la Humanidad, puesto que aquí se dan cita los últimos narradores de cuentos que han subsistido al embate de la televisión, músicos, bailarines, charlatanes, malabaristas y otros actores, además de numerosos vendedores de zumo de naranja.

Durante el día es lugar de encuentro para encantadores de serpientes, mientras que de noche se instalan decenas de puestos de comida ligera, frecuentados tanto por extranjeros como por marroquíes. El bullicio solo disminuye de madrugada.

Durante el terremoto de 2023 colapsó el minarete de una de las mezquitas que dan a la plaza.

¿Sabías que...?

Juan Goytisolo, premio Cervantes en 2014, fue un gran enamorado de Marrakech, ciudad en la que vivía y donde murió en 2017. Como migrante sentía predilección por las cigüeñas, presentes en el palacio de la Bahía.

▼ Plaza Yamaa el Fna.

Esauira

En una zona de la costa atlántica batida por los vientos alisios se encuentra esta ciudad de carácter abierto, paredes blancas y murallas ocres que cautiva a los viajeros por su ambiente relajado.

8

Info

- 📧 177 km al oeste de Marrakech
- ⏰ Museo, 8.30-18 h, excepto martes
- ☎ +212 524 47 53 00
- 💶 70 DH
- 🚌 Autocares a Marrakech, Agadir, Casablanc; av. Ghazouat, al noroeste de la Medina; telf. 522 541 010; www.ctm.ma
- ✈ Aeropuerto Esauira-Mogador a 17 km al sur de la localidad; telf. 522 447 6704; www.onda.ma

¿Sabías que...?

Al igual que la película *Otelo* de Orson Welles, su medina y murallas fueron escenario de *Juego de Tronos*.

▼ Fortaleza de Mogador.

El sultán Sidi Mohamed Ben Abdellah fundó la ciudad en 1764 con la intención de promover el comercio marítimo y para ello encargó su diseño al ingeniero francés Cornut. En ella se instalaron vicecónsules de diferentes naciones europeas y un elevado número de judíos que gozaban de mayor libertad que en el resto del país, aspectos que le otorgaron un cierto aire internacional que se ha mantenido de algún modo hasta nuestros días.

La peatonal medina sorprende por sus calles anchas y rectas rodeadas de galerías con arcadas. Tras estas se abren talleres de artesanos, cafeterías y múltiples comercios de todo tipo, dirigidos tanto a la población local como a los visitantes, dado que el conjunto disfruta de una extraordinaria vitalidad.

Dentro de la medina se halla el **Museo Sidi Mohamed Ben Abdellah** que ocupa un antiguo palacete y muestra las tradiciones locales. Un poco más allá, una batería de cañones llamada la **Skala,** se yergue sobre los peñascos de la costa ofreciendo una vista magnífica de las **Islas Purpúreas** y frecuentadas por fenicios y romanos que extraían la púrpura de un molusco local. En una de ellas se aprecian las ruinas de la **fortificación** portuguesa **de Mogador.** Merece una visita el **puerto,** de gran belleza con su portal de estilo neoclásico y sus atractivos puestos de pescado a la parilla.

Casba de los Udayas

En la parte más alta de Rabat, junto a la desembocadura del río Bou Regreg, este recinto amurallado alberga un precioso barrio andalusí, un palacio convertido en museo y un apacible jardín.

9

Fueron los almohades quienes levantaron en el siglo XII esta casba en un extremo de la ciudad, sobre la misma colina donde antaño se hallaba el *ribat* o monasterio fortificado que ha dado nombre a la capital. De aquella época se conservan la mezquita y la **Puerta de los Udayas,** decorada con alvéolos y convertida en sala de exposiciones.

▼ Casba de los Udayas.

Tanto el barrio de casitas blancas y callejones en pendiente que se resguardan en su interior como una buena parte de la muralla actual, son obra de los moriscos que se instalaron aquí al ser expulsados de España en 1614 y que crearon una república cuya principal actividad económica era la piratería. Una vez sometida esta república al poder central, Moulay Ismail acuarteló en el recinto a los Udayas, una tribu guerrera procedente del Sahara occidental cuyo nombre se asocia desde entonces al conjunto. El mismo sultán mandó construir dentro de la casba un palacio rodeado por un hermoso jardín andalusí.

Hoy, el palacio alberga el **Museo Nacional de la Joya,** el más interesante de la capital, mientras el jardín está abierto al público y es muy apreciado por los habitantes de Rabat. Justo detrás, el **Café Moro** es el lugar idóneo para reponer fuerzas y contemplar la desembocadura del río; en la parte más elevada del recinto, una gran terraza ofrece vistas al mar.

Info

- 🕐 66 (A2)
- ✉ En el centro de Rabat
- ☎ 537 660 663
- 🍴 Café Maure; Restaurante de la Plage
- 🚌 Autobuses urbanos desde la ciudad nueva
- ➕ Rabat (▶68)

Cómo llegar
- ✈ Aeropuerto Rabat Salé al norte.
- 🚆 Tren Rabat Ville en Ville Nouvelle; Rabat Agdal estación de tren de alta velocidad a 5 km del centro en dirección a Casablanca
- 🚌 Autobús av. Moulay Hassan; www.alsa.com

Asila

En la mismísima orilla del océano Atlántico, Asila destaca por su blanca y limpia medina andalusí, encerrada en un recinto de murallas portuguesas batidas por las olas.

Heredera de la antigua Zilil púnica y romana, situada unos 15 km hacia el interior, la villa constituía en el siglo IX un emirato independiente que fue absorbido más tarde por los imperios omeya, almorávide, almohade y merini. Los portugueses la tomaron en 1471 y levantaron sus robustas murallas de piedra, pero en 1589 fue recuperada por los saadíes.

En el siglo XX se convirtió en la base de un extraño personaje llamado *El Raisuli*, que dominó por un tiempo la región jugando hábilmente con las potencias extranjeras y con el sultán. Actualmente es un centro de veraneo cargado de encanto y frecuentado sobre todo por los marroquíes del interior.

10

Info

- 49 km al suroeste de Tánger
- www.c-assilah.com
- El Océano, Casa Pepe
- Autocares a Tánger, Casablanca, Fez, Mequínez; estación de autobuses en carretera Tánger-Rabat junto gasolinera Shell.
- Libre
- Tánger (▶37)

¿Sabías que...?

El Raisuli fue un temido personaje que tuvo en jaque a las potencias marítimas europeas por sus alianzas con las tribus rifeñas. Fue justamente un rifeño, el independentista Abd el Krim, el que en 1925 lo arrestó acusándolo de colaborar con las tropas coloniales españolas.

Aparte de algunas hermosas **playas** situadas en los alrededores, como la animada playa **Rada Beach** o la de **Sidi Mghai,** a las que se accede desde diferentes pistas, lo más atractivo de Asila es su medina, limpia y bien cuidada. En ella el comercio se limita a un par de calles manteniendo el resto del conjunto un carácter residencial.

En la **muralla portuguesa** se abren tres entradas monumentales: **Bab el Bhar** o Puerta del Mar, **Bab el Kasbah** y **Bab Homar,** y destacan dos torreones con excelentes vistas hacia el océano. Junto al de Caraquia se sitúa el bello **morabito de Sidi Ahmed Mansour,** que aporta la imagen típica de la ciudad.

Un poco más allá, el **palacio** construido por El Raisuli a principios del siglo xx acoge todo tipo de actividades culturales, en especial durante el festival de agosto. En verano se puede subir hasta lo más alto del bastión portugués, cubierto hoy por un tejado negro de cierto aire alpino.

◄ Turistas en la medina de Asila y algunas calles de la ciudad (arriba).

Visita a Marruecos

O C É A N O

A T L Á N T I C O

CASA

Azemmou
El-Jadida

Oualidia

Cabo Beddouza

Safi

S
B

E

Chemaia

Tensift

Essaouira   Chichaoua

Marrak

A l t

Tamanar   Amizmiz   416
                 Tizi n-Test   Gebe
                         2502
Cabo Ghir   Aoulouz

Agadir   Taroudannt
Inezgane

Parque Nacional   Igherm
Sous Massa   A

Tiznit   A   Tata
                n   t   i

Sidi Ifni   Tafraoute   G e

                 Akka

Bou Izakarn   Foum
                     el-Hisn
Guelmim

Tan Tan   Assa
Plage
          Tan Tan   *Dra*

Khnifissl/   H a r
Puerto Cansado   G e b e l   O u a r k z i z
Cabo
Juby
  Tarfaya

El-Mahbas   Tindouf

El
norte
y el **este**

Habiendo sido en su mayor parte protectorado español, el norte de Marruecos ha conservado un carácter diferente al del resto del país en cuanto a costumbres, dialecto y actividades económicas se refiere, muchas de ellas ligadas a las remesas de emigrantes a la Península y al tráfico y cultivo de hachís. En las ciudades, la huella de los andalusíes huídos de la Reconquista se hace patente. En el campo y en las montañas del Rif se combinan las tribus beréberes de origen con otras llegadas de Oriente desde la Edad Media.

▌Tánger

La construcción del gran puerto de Tánger Med en sus tres secciones, puerto deportivo o Tanja Marina Bay, y un moderno Paseo Marítimo, o el tren de alta velocidad, hacen de esta ciudad un actual polo de desarrollo y comunicaciones de Marruecos como puerto de entrada al Mediterráneo. Tánger es una bulliciosa urbe que sigue creciendo a un ritmo desenfrenado.

Aunque los fenicios ya la frecuentaron un milenio antes de Cristo, Tingis fue una gran ciudad romana reconvertida en capital de la Mauritania Tingitania en el siglo III. Tras la islamización perteneció a los diferentes imperios marroquíes hasta caer en manos portuguesas en 1471. Posteriormente, en 1661, fue entregada a Inglaterra como dote de la infanta Catalina de Braganza en su matrimonio con Carlos II, pero poco después fue recuperada por Moulay Ismail.

A partir de 1925 disfrutó de un estatuto de internacionalidad que le proporcionó un gran auge cultural y económico. Fue una época dorada que concluyó en 1956 con la independencia de Marruecos. Adormilada a partir de aquella fecha, ha empezado a embellecerse y a progresar de nuevo gracias a la predilección que por ella siente Mohamed VI.

◀ Faro en el cabo Espartel, cerca de Tánger.

¿Sabías que...?
La novela de María Dueñas, *El tiempo entre costuras*, está inspirada en lugares de Tánger como el mítico Hotel Continental o la Legación de los EE. UU.

LO QUE HAY QUE VER EN TÁNGER

▌ MUSEO DE LAS CULTURAS MEDITERRÁNEAS ✴✴
Construido por Moulay Ismail en el siglo XVII y totalmente renovado en el XIX, el **palacio de Dar el Makhzen** se distingue por sus magníficos techos de cedro y bellos estucos en las paredes. En su interior se halla el Museo de la Casba, de carácter arqueológico y etnológico. En él se pueden admirar una gran variedad de objetos de uso, desde el Neolítico hasta el siglo XX.

- 🕒 39 (A1)
- ✉ Plaza de la Casba
- ☎ 539 932 097
- 🕐 10-18 h, excepto martes
- 💶 20 DH

▌ LEGACIÓN DE LOS ESTADOS UNIDOS ✴✴
Esta representación diplomática funcionó desde 1821 hasta 1960, y fue transformada más tarde en un interesantísimo museo que alberga muebles antiguos, pinturas, documentos, mapas, fotografías de época y otros objetos que recuerdan los años dorados de Tánger. Además, el propio edificio justifica ya por sí mismo la visita. Es uno de los puntos más interesantes para visitar.

Desde aquí, una escalera permite salir de la medina a la Rue Portugal, divisándose algunas tumbas del cementerio judío que se sitúa enfrente.

- 🕒 39 (C2)
- ✉ 8 calle América
- ☎ 539 935 317
- 🕐 De lunes a viernes 10-17 h y de 10 a 15 h los sábados
- 💶 50 DH
- 🌐 www.legation.org

Distancia
3 km

Tiempo
3 horas con las visitas y
paradas

Punto de partida
Plaza de France
Ⓞ 39 (C1)

Punto de llegada
Zoco Grande

Por la medina de Tánger

❚ La medina incluye calles comerciales retorcidas y estrechas en las que la venta de productos típicos se mezclan con la artesanía. Abundan las pensiones y los cafetines, por lo que hay mucha vida. Partiendo de la **plaza de France,** habrá que tomar la calle de la Liberté, hasta pasar el Hotel Minzah.

Al descender unos peldaños a la derecha, por la calle de Portugal, se alcanza el pie de la **muralla** y, a través de la "escalera americana" y Bab Merican, se desembocará en la **Legación de los Estados Unidos** (▶37). Pasada esta se atraviesa todo el Mellah por la calle Tuahin, donde se observan las galerías del barrio hebreo.

❚ Al salir a la amplia calle Siaghine comienza un descenso que descubrirá el **fondouk Siaghine,** con tiendas de ropa tradicional; el edificio del Bank Al Maghrib, transformado actualmente en bazar; la iglesia católica (de clara influencia oriental en su fachada); el viejo Consulado francés; el **Zoco Chico,** rodeado de cafeterías y, finalmente, la **gran mezquita.**

A la izquierda, se puede hacer un alto en el camino y visitar el **Hotel Continental,** el más antiguo de Marruecos (1860), para proseguir por la calle Dar Albaroud y terminar en la **plaza Sidi Ali Ben Daoud.** Aquí se debe tomar la calle Zeitouna y luego la calle El Borj, para alcanzar así la **batería de Dar Albaroud,** con buenas vistas sobre el puerto.

❚ Concluida la visita, y retrocediendo hasta la plaza Sidi Ali Ben Daoud, se puede subir por la calle Wadras y en un desvío a mano izquierda, seguir ascendiendo por unos peldaños frente a la **Zaouïa Cheikh Mohamed Ben Seddik.**

Al llegar a la plaza Amrah, a mano derecha está la **alcazaba,** por Bab Haha. Allí, en la plaza Mechoir o plaza de la Casba, una terraza ofrece vistas al mar; en el lado opuesto se puede visitar el **Museo de las Culturas Mediterráneas** (▶37).

❚ Un camino ascendente por la calle Ibn Abbou conducirá hasta la **plaza Sidi Ahmed Boukoja,** desde donde se abandona el recinto fortificado.

Una vez fuera, y tomando la calle Assad Ibn el Farrat, en 6 o 7 minutos de paseo, se alcanza una vía en la que se levantan diferentes columnas romanas, estando, al final de la misma, la **necrópolis púnica** (▶41).

TÁNGER (medina)

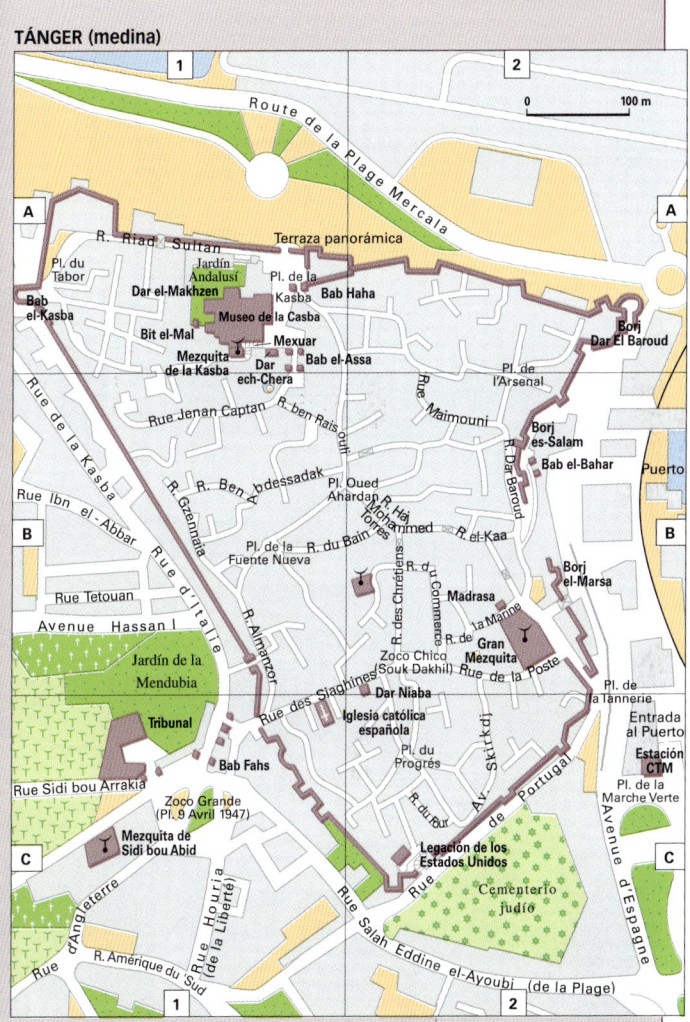

❚ Tras el recorrido, puede hacerse una pausa en el *Café Hafa* para, tras el descanso, caminar hasta los pies de Bab el Kasbah y descender por la calle de la Kasbah, admirando las murallas a la izquierda y, más allá, los jardines de la Mendoubia, a mano derecha.

El paseo temina en la plaza 9 Avril 1947, más conocida como Zoco Grande, donde se alza la **mezquita de Sidi Bou Abid**, con un bello alminar cubierto de azulejos de colores.

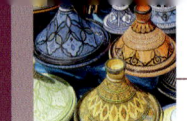

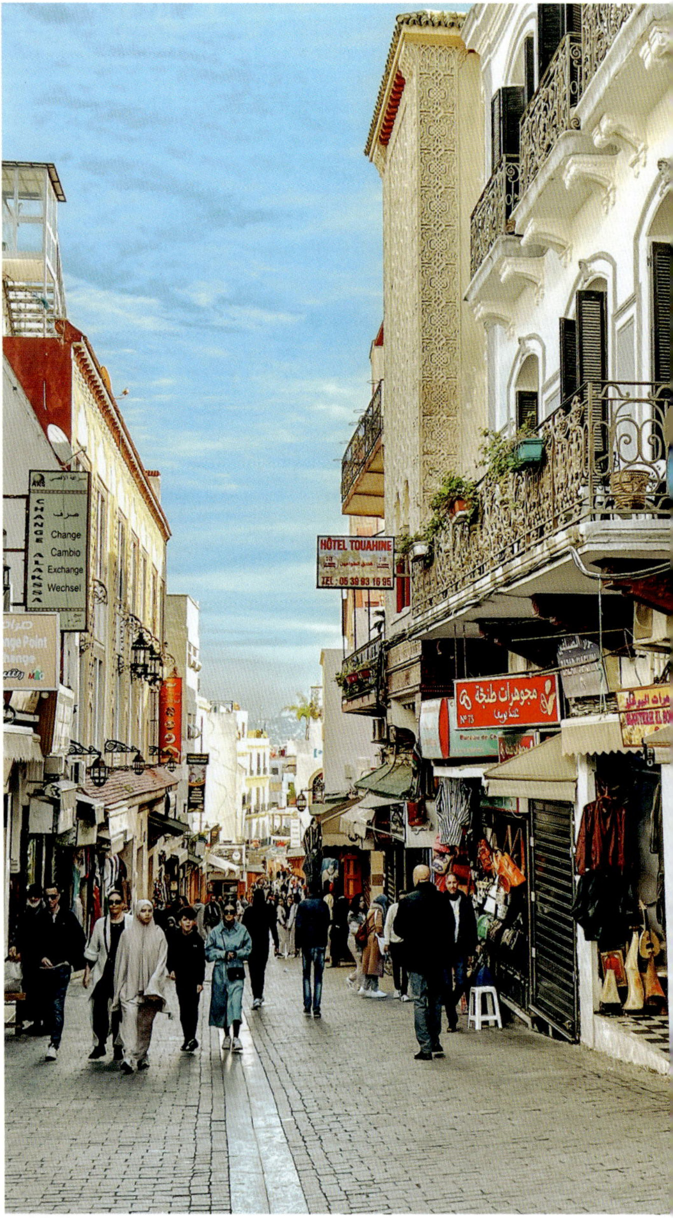
صرف
Change
Cambio
Exchange
Wechsel
HÔTEL TOUAHINE
TEL: 05 39 93 16 95
مجوهرات طنجة
N° 73

I MUSEO DE LA FONDATION LORIN ✱

Tánger ciudad internacional y comercial tuvo 17 sina-
gogas destacando la sinagoga Nahoon, hoy abierta. En
una de ellas, en el corazón de la medina de Tánger,
fue creado en 1994 este museo donde se expone una
interesante colección de fotografías en blanco y negro
y pinturas de jóvenes artistas.

✉ Rue Touahine, 44
☏ 539 939 103
🕐 De 11-13 h y de 15.30-
19.30 h de domingos a
viernes
🎫 Libre

LO QUE HAY QUE VER EN LOS ALREDEDORES DE TÁNGER

▲ Patio del Museo de las
Culturas Mediterráneas.

I ASILA (▶30) ✱✱✱

◀ Calle comercial en Tánger.

I LARACHE ✱✱

Puerto pesquero destacado y ciudad industrial dedicada a las conservas alimenticias de productos de la
cuenca del Loukos. La localidad no carece de atractivos para el viajero y en estos momentos está desarrollando a marchas forzadas su potencial turístico. Su
medina de casas blancas y azules, típicamente andalusíes, se precipita por la pendiente frente al océano,
mientras la ciudad colonial, en lo alto del acantilado,
conserva numerosos edificios de la época del protectorado.

Dentro de un bastión español del siglo XVII, un pequeño **museo arqueológico** presenta objetos hallados
en la cercana Lixus, situada junto a la carretera de
Tánger, al otro lado del río. En esta se aprecian ruinas
de las fábricas romanas de *garum* y de salazón de
pescado, un anfiteatro con un mosaico de Neptuno y
la acrópolis. Cerca del mencionado museo se levanta
el **castillo de la Cigüeña**, de época saadí. A 4 km
y sobre un cerro panorámico se halla el yacimiento
arqueológico de Lixus.

✉ 83 km al suroeste de Tánger
🕐 Museo Arqueológico, de
8.30-12 h y 14.30-18.30 h,
domingo y martes cerrado
🎫 70 DH
🚌 Autobuses a Tánger,
Casablanca, Fez, Mequínez
y Marrakech.
Estación de autobuses;
Rue Ibnou Khaldoun

¿Sabías que...?

Sobre el estuario del río
Lukos, antigua frontera natural del Protectorado Español,
se hallan las interesantes
ruinas de Lixus, visitables
de 8 a 19 h; 60 DH.

- 126 km al suroeste de Tánger
- Taxis colectivos a Souk el Arbaa, por donde pasan con mucha frecuencia autobuses a Tánger, Casablanca, Mequínez, Fez

- 43 km por vía rápida desde Ceuta, 57 km desde Tánger
- Autobuses a Tánger, Alhucemas, Chauen, Casablanca, Fez y otros destinos. Estación de autobuses: av. 9 Avril esquina con av. Meknes; telf. 539 961 688
- Martil, centro de veraneo con una extensa playa, junto a la desembocadura del río. Se accede en autobús desde Tetuán.

Museos

- Artes y tradiciones populares y Arqueológico, de lunes a viernes de 8.30-12 h y de 14.30-18 h
- Etnográfico, de martes a sábado de 10-18 h
- Todos, 10 DH

▼ Centro de Arte Moderno de Tetuán.

▌ MOULAY BOUSSELHAM ★★

Más que una población (16.000 habitantes), se trata de un centro de veraneo situado entre el Atlántico y una laguna donde habitan los flamencos. Al pie de una duna se levantan morabitos blancos, formando un conjunto de una gran belleza. Uno de ellos es el que ha dado nombre al lugar, y en él se halla enterrado un santo personaje que llegó de Oriente en el siglo XI e introdujo en Marruecos el sufismo panteísta de El Bastami.

▌ TETUÁN ★★

Colgada en la falda de una montaña, en las estribaciones del Rif, esta es una hermosa ciudad andalusí (402.000 habitantes) que conserva un aire absolutamente tradicional en las callejuelas de su **medina** (declarada Patrimonio Mundial por la Unesco) e incluso en las avenidas de la ciudad colonial, que fue capital del protectorado español desde 1912 hasta 1956.

Fue fundada en el siglo XIV por los meriníes, destruida en 1399 por los españoles, reconstruida en el siglo XVI y poblada en gran parte por los moriscos. Tetuán posee numerosos monumentos de diferentes épocas como la mezquita Erzini, la zagüía de Sidi el Haj Ali Baraka, la zagüía de Sidi Ali Ben Raissoun, con su alminar octogonal y la zagüía de Sidi Saidi, patrón de la ciudad. Hay algunas fortificaciones y siete puertas abiertas en la muralla, de las que destacan por su belleza, Bab el Okla, Bab Nouadir y Bab Tout. Además, cuenta con tres **museos**, uno de artes y tradiciones populares, otro arqueológico (rue Ben-H'saïn, 2), levantado bajo el protectorado y otro, etnográfico (avenue Skala), en el interior de la fortaleza decimonónica de Bab el Okla.

CIRCUITO EN COCHE

Por el Cabo Espartel

Distancia
30 km

Duración
2 horas con paradas

Punto de partida y llegada
Plaza de France. Tánger

▲ Mirador de Perdicaris.

La calle Bélgica de Tánger se inicia en la plaza de France y se prolonga hacia el noroeste en una pequeña carretera que atraviesa diferentes zonas residenciales siguiendo los indicadores de "Cap Spartel".

Después de cruzar el Oued el Ihoudi por un puente y dejar a la derecha el desvío hacia la pequeña paya de El Ihoudi, se inicia una fuerte subida hacia el barrio de La Montagne, que es la zona más selecta de Tánger. En ella se levantan varios palacios de la familia real marroquí y de emires del Golfo Pérsico, así como hermosas fincas que disfrutan de una vista excepcional sobre el Estrecho.

Un poco más lejos se penetra en un frondoso bosque de pinos. Un desvío a la derecha permite acceder al **mirador de Perdicaris**, rodeado de coníferas, desde donde se obtiene una buena imagen del mar y la costa española al fondo. De aquí hay que regresar por el mismo camino a la carretera y continuar en la misma dirección.

A los 3 km, otro desvío a la derecha trepa a un segundo **mirador** llamado **Slokia,** aunque no tiene mucho interés.

Más tarde comienza un descenso abrupto y prolongado hacia la costa atlántica, en la que se alternan impresionantes acantilados con extensas playas de arena. Esta bajada concluye en el **faro del Cabo Espartel,** junto al cual hay un restaurante y un amplio espacio donde relajarse.

A partir del faro, la ruta sigue la orilla del mar hasta la rotonda en la que se alza el *Club Le Mirage* de la que surge el acceso a la **gruta de Hércules.** Dentro de esta cueva se pueden ver las huellas de numerosas ruedas de molino en una época remota.

Un poco más lejos, otro desvío asfaltado a la derecha permite alcanzar la **playa de Sidi Kacem,** que toma su nombre de un hermoso morabito blanco situado sobre un tozal. Previamente se pasa por la planta de compresión del gaseoducto que lleva a España el gas natural procedente de Argelia.

De Sidi Kacem se puede salir directamente a la N1 que conduce a Asila, pero, hallándose esta desdoblada, resulta difícil tomarla en dirección a Tánger. Por ello es preferible deshacer algunos kilómetros y encaminarse a la ciudad por la carretera antigua.

Por el Marruecos oriental

Distancia
500 km

Duración
Una jornada completa en primavera o verano. En invierno es preferible dividirlo en dos etapas

Punto de partida
Alhucemas

Fin de trayecto
Taza

El trayecto parte de Alhucemas y continúa por la nueva carretera de Nador, que avanza por la costa ofreciendo interesantes paisajes de rocas calcáreas en algunos tramos.

Sin entrar en Nador, se puede conducir por la N 16 hacia el **Cabo del Agua** (Ras el Ma), desde donde contemplar las Islas Chafarinas.

Poco después, la desembocadura del **río Moulouya** ofrece la oportunidad de contemplar numerosas aves. Al llegar a Saidia, exige una visita **Berkane** y su Gruta del Camello, en los montes de Beni Snassen.

Otra visita obligada es la ciudad de **Oujda**, adonde se accede desde Berkane. Allí, es curioso investigar los bulliciosos zocos y los jardines que rodean su alcazaba.

De Oujda a Taza no hay más que seguir la N 6, haciendo un alto en la alcazaba de **El Aayoun** y, sobre todo, en la de **Taourirt** (indicada desde la carretera).

En el litoral mediterráneo España mantiene pequeños enclaves insulares como Vélez de la Gomera (donde se halla la frontera más pequeña del mundo), islas Alhucemas e islas Chafarinas.

► Turistas paseando por Ras el-Ma.

▲ Una típica calle de Chauen.

De la época de la colonia española, se recomienda un paseo por la Avenida Mohamed V con sus edificios art decó, tomando un té en la agradable plaza Moulay el-Mehdi junto a la iglesia católica. Cercanas están las animadas playas de Martil.

I CHAUEN (▶20)   ★★★

I ALHUCEMAS   ★
Fundada por los españoles en 1926, el enclave no encierra un especial interés histórico ni monumental, pero es un centro de veraneo muy bien cuidado y rodeado de magníficas playas como la de Quemado, Cala Bonita, Isri o Sfiha, con los islotes de soberanía española de **Alhucemas**, Vélez de la Gomera o Badis, de soberanía española desde 1508.

El **Parque Nacional de Alhucemas** comienza al oeste de la ciudad y posee rincones de gran belleza natural, como Cala Iris, playa muy pintoresca ubicada entre acantilados. Cercano, aunque no visitable, se halla el **Peñón de Vélez de la Gomera,** ocupado por el territorio español desde 1508.

- ✉ A 322 km de Ceuta y 148 km de Melilla
- ✈ Aeropuerto Cherif Al Idrissi, a 12 km
- ⚓ Barco en verano desde Motril con Armas (www.navieraarmamas.com)
- 🚌 Autobuses a Nador, Tetuán, Fez, Tánger. Place du Rif, estación al sur de la ciudad.

I TAZA   ★★
Construida sobre un promontorio al pie del Jebel Tazzeka, la **medina** de Taza (155.000 habitantes) es una de las más antiguas de Marruecos (siglo VIII) y, aunque sus construcciones son casi todas de nueva edificación, conserva un buen ambiente tradicional en los zocos y callejuelas, raramente frecuentadas por el turismo. Está rodeada por una imponente muralla con torres y fortificaciones.

Un circuito de media jornada en automóvil por el **Parque Nacional de Tazzeka** permite descubrir numerosos rincones de gran belleza, como la sima de Friouato, el cañón del río Zireg y tupidos bosques de cedros alrededor de la cumbre.

- ✉ 105 km por autopista al este de Fez, 207 km al sur de Melilla
- 🚌 Autobuses a Oujda, Fez, Casablanca, Nador, Alhucemas. Estación: Pl. de l'Independence, telf. 535 282 007
- ℹ Oficina de información turística del P.N. Tazekka, rue Aziz Rahmouni; www.tazekka.com; telf. 661 613 929

LO QUE HAY QUE SABER

Las sugerencias que siguen le ayudarán a sentir de verdad el pulso del país.

5 normas para disfrutar del país

✓ **Tómeselo con calma.** En Marruecos, las situaciones más complicadas se resuelven a base de paciencia, sin embargo las cosas más sencillas se complican si uno tiene prisa.

✓ **No intente analizarlo todo con mentalidad occidental.** Aquí rigen otros principios y hay otras costumbres que no debemos despreciar.

✓ **Huya de los tópicos.** No se crea todo lo que le cuenten los comerciantes u otras personas interesadas en venderle algo.

✓ **Trate de hablar con gente de la calle,** al margen de los que se trabajan en el sector turístico. Descubrirá personas encantadoras y desinteresadas.

✓ **Evite las drogas, incluso el hachís.** Todas están prohibidas y la ley es muy estricta.

5 lugares para comer

✓ **Chiringuitos de Ain Lahcèn** (E), en la carretera de Tetuán a Tánger. Tienen el mejor cordero del Norte y también sardinas y otros platos.

✓ **Snak Amine** (E), 32 Rue Chaouia, Casablanca. Preparan excelentes frituras de pescado. No suele ser encontrar mesa.

✓ **Riad Meknès** (M), en la ciudad imperial de Mequínez. En una antigua mansión preparan una excelente cocina casera marroquí.

✓ **Nejjarine** (E), para el público turista resulta un excelente espacio palaciego en la Medina de Fez donde disfrutar de la cocina tradicional fesí.

✓ **Restaurant À l'Araignée Gourmande** (M), en Oualidia. Es un local sencillo donde hartarse de pescados, mariscos y ostras.

10 actividades deportivas

✓ **Senderismo:** es la mejor manera de acercarse a las montañas del Rif, Gran Atlas, Jebel Saghro y Jebel Siroua, por caminos de herradura que unen los pueblecitos y los zocos.

✓ **Ciclismo:** tanto la bicicleta todoterreno por las numerosas pistas de montaña o de los oasis, como el cicloturismo por carretera, permiten descubrir el país a un ritmo pausado y apreciar detalles que de otro modo se nos escapan.

✓ **Equitación:** se alquilan caballos en muchos lugares, sobre todo en el Atlas Medio y en la costa. Es una manera fantástica de adentrarse en los hermosos parajes naturales.

✓ **Windsurf:** las costas de Safi, Esauira y alrededores son ideales para la práctica de este deporte.

✓ **Esquí**: por chocante que parezca, en África se puede esquiar. Las mejores pistas están en Oukaïmeden, al sur de Marrakech. También las hay en Michlifen, cerca de Ifrane, y toda la vertiente norte del Gran Atlas es adecuada para el esquí de montaña.

✓ **Golf**: herencia del rey Hassan II que era un apasionado de este deporte. El país cuenta con numerosos campos de golf situados en lugares de gran belleza.

✓ **Natación**: por si no bastaran los 3.000 km de costas, hay piscinas en la mayor parte de los hoteles de categoría media y alta.

✓ **Pesca**: diferentes ríos del Atlas Medio y del Gran Atlas son conocidos por sus truchas. También se puede pescar en la costa.

✓ **Escalada**: las gargantas del Todra, con centenares de vías abiertas, son el lugar más conocido de Marruecos, pero no el único. Cabe mencionar también el desfiladero de Imiter, accesible por asfalto desde Goulmima, y el circo de Taghia en el corazón del Gran Atlas.

✓ **Descenso de cañones**: todo el Gran Atlas central y oriental, gracias a su carácter calcáreo, está lleno de atractivos cañones, aunque pocos han sido explorados y equipados.

▌ 5 festivales

✓ **Festival de Música Sacra** de Fez, en junio, con grupos sufíes de diferentes países.

✓ **Festival Nacional de las Artes Populares** de Marrakech, en el Palacio El Badi, entre junio y julio. Es una excelente muestra del variado folklore marroquí.

✓ **Festival de Música Gnaua** de Esauira, en junio o julio. Es un evento multitudinario que reúne a grandes figuras mundiales de la música de raíces africanas.

✓ **Musem de los Aït Hadidou**, unos 22 km al sur de Imilchil. Es un inmenso zoco de ganado y productos varios, en el que además se conciertan matrimonios. En paralelo se celebra el *Festival des Cimes* en el centro Imilchil.

✓ **Musem de Tan Tan** de Patrimonio de la Humanidad es uno de los espectáculos más espectaculares de la cultura sahariana que celebra el nacimiento del profeta Mahoma o Mohamed. En Asila.

▌ 5 cafés bien situados

✓ **Café Hafa** de Tánger, en el barrio de Marshan, muy popular, formando terrazas sobre el Estrecho.

✓ **Café de la Noria**, en Fez Jdid, junto al río.

✓ **Café Maure (Moro)** de Rabat, en la casba de los Oudaya, con vistas a la desembocadura del río Bou Regreg.

✓ **Café de France** y otros que hay alrededor de la plaza Jemaa El Fna de Marrakech.

✓ **Espace Miramar**, Bd. Moulay Ismail, en Alhucemas. Consta de diferentes terrazas con buenas vistas a la bahía de Quemado.

Entre el **Atlas** y el **océano**

Para la mayoría de los marroquíes, las tierras que se sitúan entre el Gran Atlas de un lado y el océano Atlántico del otro constituyen la Dajília o "interior" del país, aunque incluyan también la costa. Para el viajero actual, estos parajes ofrecen un interesante recorrido por las cuatro "ciudades imperiales" que en algún momento han sido capitales del reino, hermosos paisajes de montaña, como las cascadas de Uzud o los bosques de cedros del Atlas Medio, y una franja litoral en la que, además de playas, plácidas lagunas e impresionantes acantilados, se descubren poblaciones tan interesantes y cargadas de recuerdos del pasado como El Jadida, Safi o Esauira.

I Fez

La medina de Fez (1.365.000 habitantes) no solo es la mayor del país, sino también la más antigua, la más complicada y la más completa, llena de movimiento, de comercio, de vida espiritual y de monumentos. Por todo ello, la Unesco la declaró Patrimonio de la Humanidad, por lo que un viaje a Marruecos no será del todo completo sin haber realizado esta visita.

◄ Al-Attarine, madrasa de Fez.

El monumento se estructura alrededor de tres núcleos diferentes. El primero, fundado por Idris I en 789, ocupa la margen izquierda del río Fès y se conoce hoy como **barrio de los Andalusíes,** ya que fueron las familias procedentes de Córdoba las que lo ocuparon. El segundo, creado por Idris II en 809, es el denominado **barrio Kairuaní** (al Karaouine), se extiende por la orilla derecha y es el más destacado, tanto a nivel monumental como mercantil y espiritual. El tercero, **Fès Jdid,** fue construido por los meriníes en el siglo XIII en una zona más elevada, e incluye el **Palacio Real,** así como el **Melah,** lugar donde vivían los judíos bajo la protección del sultán.

Fez fue capital del imperio durante una buena parte de su historia, compartiendo este honor con Marrakech y, en menor medida, con Mequínez y Rabat.

▼ Entrada a las calles históricas de Fez.

Por la medina de Fez

Distancia
8 km

Duración
Una jornada entera

Punto de partida
Plaza des Alaouites

Fin de trayecto
Plaza Rcif

Al llegar a la plaza des Alaouites se podrá admirar la espectacular puerta del Palacio Real, remodelada en el siglo XX. Antes de alcanzarla, se gira a la derecha para entrar en el **cementerio judío** (está indicado). Desde allí, se puede atravesar todo el Mellah. Un desvío a la derecha llevará hasta la **sinagoga Aben Danan**.

Saliendo del Mellah, se penetra en Fès Jdid por la alveolada puerta de Bab Semarine. Al avanzar por esta arteria se divisa la **mezquita Al Hamra** y luego la **mezquita Al Beida**. Desde gran avenida Hassan I se bordean los **jardines de Jnan Sabil,** desde donde se distinguirá la puerta de Bab Chems, único resto de la casba Chems.

Continuando el paseo se llega a Bab Bou Jeloud, portal reconstruido en 1913. Al entrar por ella se divisa una plazuela con cafés y restaurantes.

Si se gira totalmente a la derecha se alcanza la plaza Al Istiqlal, donde se yergue el **museo Dar Batha** (▶51), acceso por la calle du Musée. Se puede almorzar en la plazuela de Bab Bou Jeloud, antes de emprender el descenso por la **Talaa Kebira,** la "Cuesta Grande", que se adentra en el corazón del barrio Al Karaouine, donde se yergue la **madraza Bou Inania** (▶51).

Cuando se alcanza el punto más bajo, la Talaa Kebira deja paso al zoco Al Attarine, "de los vendedores de especias", alrededor del cual se distribuyen muchos otros zocos y también el **maristán Sidi Frej,** hospital del siglo XIV hoy convertido en centro comercial, por la puerta que se abre casi frente al restaurante Dar Saada.

La otra puerta da al zoco de la alheña; al atravesarlo, está la plaza Nejjarine. Allí se encuentran el **fondouk Nejjarine** (▶53), su hermosa fuente y el zoco de los ebanistas.

Volviendo a la plaza Nejjarine, un recorrido conducirá hasta la **plaza Seffarine** (donde trabajan el cobre), pasando antes junto al **mausoleo de Moulay Idris,** atravesando el zoco Chemaine de los vendedores de velas, rodeando la **mezquita Kairuaní** y visitando la **madraza Attarine**.

Al llegar a la plaza Seffarine, la primera calle que sale a la izquierda conducirá al **zoco de los curtidores,** indicado como "Tannerie Chouara". En esta misma plaza se sitúa la **biblioteca Kairuaní,** a la que se accede libremente.

▲ Zoco de los curtidores de piel en Fez.

LO QUE HAY QUE VER EN FEZ

▌ EL BORJ NORD ★★

Esta fortificación fue levantada en 1582 por orden de Ahmed Al Mansour, pero su estructura parece de inspiración europea, debido a la intervención de prisioneros portugueses en la obra.

✉ Barrio Ben Slimane, sobre la medina
🚌 Autobús urbano 20, desde la plaza Florence, en la Ciudad Nueva

▌ PALACIO GLAOUI ★

Fuera de la tradicional ruta turística el auténtico palacio algo deteriorado del siglo XVIII construido por el pachá de Marrakech con bello patio andalusí. Tiene una exposición de arte. Otro palacio visitable es el **palacio Mnebhi en Shuikt Ben Safi** que fue residencia del mariscal Lyautey durante el protectorado francés.

✉ Rue Hamia Douh, 1
☎ 667 36 68 28
🕐 Todos los días 9-16.30 h, hasta las 18 h en verano
💶 Donativo

▌ MADRAZA BOU INANIA ★★★

Construida a mediados del siglo XIV por orden del sultán meriní Abou Inan, esta residencia de estudiantes era al mismo tiempo mezquita y escuela coránica. Destaca por su amplio patio, enlosado con mármol –y una fuente central–, alrededor del cual se distribuyen dos aulas, el oratorio y numerosas habitaciones, así como un gran alminar. Las proporciones del conjunto

✉ Talaa Kebira, Fez el Bali
🕐 9-18 h
🚌 Bab Boujeloud, a la estación de tren
💶 20 DH

▼ Madraza Bou Inania.

son muy armoniosas, y su ornamentación, a base de azulejos, estucos y tallas de madera de cedro, sublime.

❚ MEZQUITA Y UNIVERSIDAD KAIRUANÍ　　*

Fundada en el año 857, la mezquita Kairuaní fue durante siglos una de las más prestigiosas universidades del Islam. Solo el alminar data de aquella época, siendo la mayor parte del edificio del siglo XII.

El interior puede verse a través de 14 puertas que solo se abren las horas de las oraciones. Lo más llamativo son seguramente los dos quioscos de la época Said, inspirados en la Alhambra de Granada.

- ✉ Barrio Kairuaní
- 🕐 Abre de 8.30-20 h. Acceso reservado a musulmanes

❚ MADRAZA CHERRATINE　　**

Esta es una de las múltiples residencias de estudiantes que se distribuyen alrededor de la mezquita Kairuaní. Fue construida en 1670 y recientemente ha sido restaurada, de modo que es posible ver las habitaciones, además del gran patio, magníficamente decorado con yeso esculpido y madera tallada.

- ✉ Ras Cherratine (barrio Ras Cherratine (Barrio kairuaní))
- 🕐 9-15 h
- 🎟 20 DH

❚ MADRAZA ATTARINE　　*

Esta fue antaño otra de las residencias para los alumnos de la mezquita Kairuaní. Levantada en 1325, goza de una magnífica decoración, pero sus dimensiones son modestas. Está siendo restaurada poco a poco.

- ✉ Barrio Kairuaní
- 🕐 8-18 h
- 🎟 20 DH

▶ Museo de los Oficios de la Madera, en el fondouk Nejjarine.

LOS ZOCOS DE FEZ (▶21)   ★★★

MAUSOLEO O ZAGÜÍA DE MOULAY IDRIS   ★★
Aunque Moulay Idris II vivió en el siglo IX, el edificio fue construido en 1437 y ha sido remodelado en diferentes ocasiones. Hoy constituye el santuario más venerado de la ciudad, reservado a los musulmanes, aunque parcialmente puede observarse a través de la puerta. Su decoración actual es bastante recargada, con profusión de yeso cincelado, pintado de múltiples colores.

✉ Barrio Kairuaní
🕐 Abierto todo el día. Acceso reservado a musulmanes

FUNDUK NEJJARINE   ★★
El *fondouk* de los ebanistas *(nejjarine)* data del siglo XVIII y ha sido reconvertido en **Museo de los Oficios de la Madera**. Su arquitectura y decoración merecen una visita. Los objetos de madera están bien presentados, agrupados por conceptos de uso.

✉ Barrio Kairuaní
☎ 531 41 26 16
🕐 Todos los días de 10-17 h
💲 20 DH

MUSEO RIAD BELGHAZI   ★★
Se trata de un museo privado que agrupa numerosos objetos artesanales en el interior de un palacete construido en el siglo XVII por el visir Benhamou, de origen hebreo. El edificio se articula en torno a un hermoso jardín lleno de naranjos. Desde la azotea se obtiene una vista magnífica sobre el entorno.

✉ Barrio Kairuaní
☎ 535638440
🕐 De sábado a jueves de 10-18 h
💲 40 DH

CIRCUITO EN COCHE

Por el Atlas Medio

Distancia
370 km

Duración
Una jornada entera

Punto de partida
Fez

Fin de trayecto
Mequínez

Almuerzo
Lo mejor es llevar un picnic. Otra opción es el **Hotel des Cedres**, Pl. Mohamed V, Azrou, Telf. 535 562 326, donde sirven una excelente trucha, pero en este caso queda mucho camino por la tarde

Advertencia
Este itinerario puede estar cortado por la nieve entre noviembre y marzo

▼ Alrededores de Azrou.

▌ Salga de Fez por la carretera R-503 hacia **Sefrou** (▶55). Unos 25 km después de esta población, gire a la derecha en dirección a Imouzzer y 17 km más allá vaya a la izquierda para rodear el plácido lago Dayet Aoua.

Salga luego a la N 8 y siga los indicadores hasta **Ifrane,** una pequeña ciudad formada por chalés de aspecto alpino y rodeada de bosques. Constituye un centro de veraneo muy apreciado por la burguesía de Casablanca, así como una base para la práctica de variados deportes de invierno en la cercana estación de Michlifen.

▌ Continúe por la N 8 hasta la entrada de **Azrou,** población mucho más popular que la anterior, en la que tiene lugar un vistoso mercado el martes.

Vaya a la izquierda por la N 13, penetrando en un tupido bosque de cedros en el que habitan varias manadas de macacos, y a los 6 km desvíese a la derecha por una carretera secundaria que conduce a **Khenifra** por un hermoso paisaje de montaña. Discurre junto a los lagos Afenouir, Ouiouane y Azigza, así como por las fuentes del río Oum Er Rabia, siendo cada uno de estos lugares accesible mediante breves desvíos.

▌ **Khenifra** cuenta con un interesante mercado permanente de alfombras y con un zoco semanal extraordinariamente bullicioso, los domingos.

Regrese hacia el norte por la N 8 desviándose a la izquierda en **Mrirt** (populoso mercado los jueves) para ir directamente hacia **Mequínez.**

◀ Interior de la sinagoga Ibn Danan.

MADRAZA SAHRIJ ✱

Construida en 1323 por el futuro sultán Abou el Hassan, esta madraza toma su nombre del estanque verde que sustituye la clásica fuente para las abluciones. Su arquitectura es sencilla y muy armoniosa.

✉ Barrio Andalusí, en la medina
🕐 9-17 h
💳 20 DH

SINAGOGA IBN DANAN ✱✱

Construida en el siglo XVII y restaurada en 1999 con ayuda de la Unesco, esta sinagoga contiene una exposición de fotografías de monumentos hebreos y una Tora escrita sobre piel de gacela. Se sitúa en pleno Mellah, cuya calle principal destaca por sus balcones y galerías de madera. Sinagoga de judíos expulsados de la Península actualmente está habitada por musulmanes. Cercano el impresionante **cementerio** (1883) con nombres castellanos.

✉ Derj Djaj, al sur de la rue de les Merénides
🕐 9.30-18 h, excepto sábado
💳 20 DH
➕ Cementerio judío, abierto solo por las tardes

LO QUE HAY QUE VER EN LOS ALREDEDORES DE FEZ

SEFROU ✱✱

Siendo una de las ciudades más antiguas de Marruecos, anterior incluso a su vecina Fez, y disfrutando de una hermosa situación repartida entre ambas orillas del río Agai, la localidad (80.000 habitantes) podría constituir un atractivo turístico de primer orden. Las callejuelas de su medina tienen mucho encanto y en ellas se mantiene una gran vitalidad mercantil.

Sin embargo, el desconocimiento hace que sean muy escasos los viajeros que se detienen aquí, aunque en junio tiene lugar un festival dedicado a las cerezas, principal producto agrícola de la región. Además tiene interesantes funduqs como el textil de Ghazi y un curioso museo del Multiculturalismo y cerca de la población hay cascadas siempre concurridas.

✉ 30 km al sur de Fez
➕ Bhalil, un hermoso pueblo blanco y azul colgado en la montaña

Museo Funduq el Kshub
✉ Haddadine
🕐 De 10-17 h de sábado a jueves
💳 Gratis

▌ Mequínez

Su proximidad a Fez y su tamaño algo menor han hecho de Mequínez (Meknès) un destino secundario dentro de los circuitos turísticos clásicos, pese a lo cual esta ciudad bien merece una visita debido a su enorme valor histórico y artístico, y por mantenerse, además, absolutamente viva.

Mequínez fue fundada en el siglo X por la tribu bereber Miknasa y equipada como ciudad por los almorávides, almohades y meriníes, pero no alcanzó su verdadero auge hasta que Mulay Ismail la eligió como capital de su imperio en la segunda mitad del siglo XVII. De aquella época datan los principales monumentos, así como las diferentes líneas de murallas y sus impresionantes puertas. Tras la muerte de aquel sultán, la corte regresó a Fez, pero Mequínez continuó siendo hasta 1912 una de las cuatro urbes a las que periódicamente se trasladaba el monarca en sus continuos desplazamientos.

LO QUE HAY QUE VER EN MEQUÍNEZ

▌ BAB MANSOUR ★★

Esta puerta monumental es probablemente la más impresionante de Marruecos y da acceso a la Ciudad Imperial de Mulay Ismail si se llega desde la medina. Lleva el nombre del arquitecto que la diseñó cerca de

◄ Mosaico en el Mausoleo Mulay Ismail.

▼ Puerta Bab Mansour.

🏛 59 (B1)
☕ Numerosos cafés alrededor de la plaza El Hédime
🍽 El mercado de alimentos y la plaza El Hédime.

La medina y la ciudad imperial de Mequínez

Distancia
7 km

Duración
5 horas con las visitas

Punto de partida
Bab el Khemis

Fin de trayecto
Bab Berdaïne

Almuerzo
Restaurante Mille et une Nuits (M), 3 calle Sidi Amar Bouawada, telf. 535 559 002

El recorrido comienza en la espectacular Bab el Khemis y avanza por la avenida Ibn Zaïdoun, quedando a mano izquierda el cementerio judío encerrado en su muralla y el Nuevo Mellah a la derecha, en el que ha sido restaurada la **sinagoga Toledano**.

Al final de esta gran avenida se encuentra el Borj Belqari. Siguiendo en línea recta y entrando por Bab Ben Ahmed, es aconsejable acercarse a la muralla que hay a la izquierda, hasta descubrir, a través de una apertura en la misma, el **estanque del Aguedal**. Rodeando el estanque se alcanzará **Heri es-Suani** (▶61).

Si no se lleva coche, lo más adecuado es tomar un taxi hasta el **mausoleo de Mulay Ismail** (▶61), pasando por los interminables corredores de la ciudad imperial y el Palacio Real.

▲ Medina de Meknés. Tienda de gorros y carnicería de dromedario.

Un poco más allá se sitúan los **silos subterráneos de Kara** (▶61) y, continuando por la avenida principal, se alcanzará **Bab Mansour**. El paseo prosigue por la extensa plaza El Hédime, hasta dar con el **museo Dar Jamaï** (▶60), en proceso de reforma.

Saliendo del museo, y dirigiéndose a la izquierda, se puede hacer un alto en el camino y descansar en el *café Place el Hédime,* dentro del Derb Sidi Amar Bou.

La misma vía conducirá hasta la puerta de la Gran Mezquita. A la izquierda se encuentra la **madraza Bou Inania** (▶60) y, saliendo de esta, se descubrirá el animado gremio de artesanos, donde concluye el recorrido.

Mequínez (medina y Ciudad Imperial)

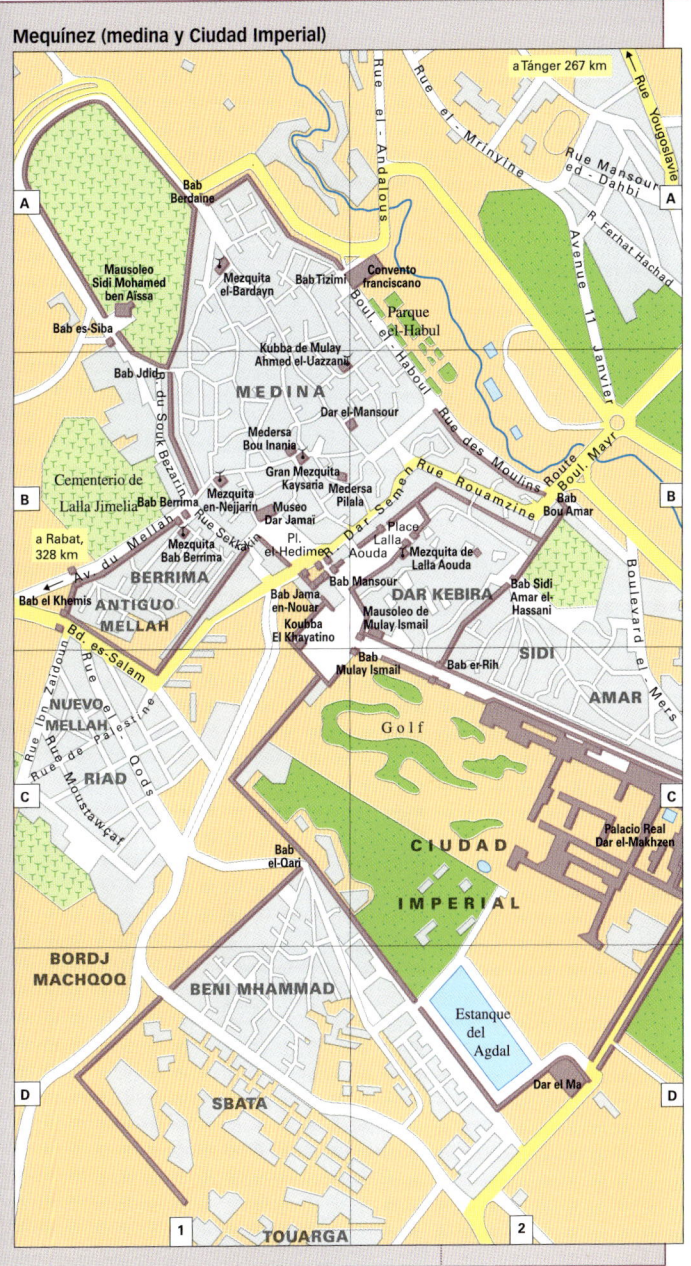

a Tánger 267 km

Rue Youqoslavie
Rue el - Mrinyine
Rue Mansour ed - Dahbi
R Ferhat Hachad
Rue el - Andalous
Avenue 11 Janvier

Bab Berdaine

A — A

Mausoleo Sidi Mohamed ben Aïssa

Mezquita el-Bardayn
Bab Tizimi
Convento franciscano

Parque el-Habul

Bab es-Siba

Boul. el - Haboul
Rue des Moulins
Boul. Mayr

Kubba de Mulay Ahmed el-Uazzani

Bab Jdidn

du Souk Bezarin

MEDINA

Dar el-Mansour

Medersa Bou Inania

Cementerio de Lalla Jimelia

B — B

Gran Mezquita
Kaysaria
Medersa Pilala

Mezquita en-Nejjarin
Bab Berrima

Museo Dar Jamaï

Rue Sekkaïa
Dar Semen Rue Rouamzine

Bab Bou Amar

a Rabat, 328 km

Mezquita Bab Berrima

Pl. el-Hedime

Place Lalla Aouda
Mezquita de Lalla Aouda

Bab Sidi Amar el-Hassani

Bab el Khemis

BERRIMA

ANTIGUO MELLAH

Bab Jama en-Nouar

Bab Mansour

DAR KEBIRA

Koubba El Khayatino

Mausoleo de Mulay Ismaïl

SIDI

Bd. es-Salam

Bab Mulay Ismaïl

Bab er-Rih

AMAR

Rue ibn Zeïdoun
Rue de Palestine
Oods
Rue Moustrawcaf

NUEVO MELLAH

RIAD

G o l f

Boulevard el - Mers

C — C

Bab el-Qari

CIUDAD

Palacio Real Dar el-Makhzen

IMPERIAL

BORDJ MACHQOQ

BENI MHAMMAD

Estanque del Agdal

D — D

SBATA

Dar el Ma

1   **2**

TOUARGA

1725 y saca un extraordinario partido a los recursos clásicos del arte hispano-musulmán. Tanto esta puerta como las propias murallas y todos los monumentos que se hallan en su interior datan de finales del siglo XVII. **Bab el Khemis** es otra entrada situada junto al antiguo *melah*.

I MUSEO DAR JAMAÏ ✱✱

Se trata de un palacio construido en 1882 por el visir Mohamed ben Larbi Jamaï, cuyas propiedades fueron requisadas al caer en desgracia tras la muerte de Hassan I. Está abierto al público como museo desde 1920. Presenta objetos artesanales de Mequínez: bordados, madera tallada, cobre, cerámica, vestidos, etc. El museo es interesante, pero todavía lo es más el edificio en sí.

Hay que fijarse en las paredes, el techo y el suelo de cada sala. Sin duda la más espectacular es la del piso alto, amueblada como las originales. Lamentablemente, solo una parte del palacio se puede visitar.

I MADRAZA BOU INANIA ✱✱

Esta residencia de estudiantes lleva el nombre del sultán meriní Abou Inan, aunque comenzó a construirse un poco antes de su reinado, en el año 1336. El edificio mantiene el plano clásico de las madrazas marroquíes y su decoración, concentrada en el patio, es de una gran riqueza.

- 🕐 59 (B1)
- ✉ Plaza El Hédime
- ☎ 555 530 863
- 🕐 10-17.30 h
  excepto martes
- 💳 10 DH
- ℹ Recién restaurado

- 🕐 59 (B1)
- ✉ Rue Zaouïa Nasseria
- 🕐 9.30-13 h y de 14-18.30 h
- 💳 70 DH
- ✛ Los zocos

▶ Madraza Bou Inania.

MAUSOLEO DE MULAY ISMAIL ★★

Recién restaurado, el edificio que alberga la tumba de Mulay Ismail fue construido en 1703 como palacio de Justicia y posteriormente transformado en mezquita, siendo una de las pocas donde se permite el acceso a los no musulmanes. Consta de una sucesión de patios y salas profusamente decorados. En la última estancia, visible a través del portal, se halla el cenotafio de este singular personaje.

- 59 (B2)
- Ciudad imperial
- 9-18.30 h, excepto viernes por la mañana
- Riad Meknès
- Plaza El Hédime, líneas 3, 12, 20
- La voluntad

SILOS SUBTERRÁNEOS DE KARA ★

Este conjunto de silos es más conocido como "prisión de los cristianos" por haber cumplido en algún momento funciones de cárcel. Se accede por una empinada escalera, junto a la cúpula El Khayatine, y el interior está bastante oscuro.

Sin embargo, si se observa desde su parte trasera, el edificio no parece subterráneo, sino más bien que ha sido construido aprovechando un desnivel del terreno. La mayor parte se halla destruido por el tiempo. Solo se puede acceder a algunos silos situados junto a El Khayatine.

- 59 (B1)
- 9-12 h y 15-18 h
- Plaza El Hédime, líneas 3, 12, 20
- Restaurante La Grotte
- 60 DH
- Cúpula El Khayatine

▲ Restos de los graneros reales en Heri es-Suani.

HERI ES-SUANI ★★★

Levantado en tiempos de Mulay Ismail, este es un edificio de tapial que impresiona por sus dimensiones. La parte trasera ha perdido el techo, mientras que la delantera sigue cubierta. Es conocido igualmente como Dar el Ma ("casa del agua").

En efecto, contiene cisternas de agua y también silos, todo ello destinado a resistir un largo asedio de la ciudad.

- 59 (B2)
- Ciudad Imperial
- 9-17.30 h
- Plaza El Hédime, líneas 3, 12, 20
- 70 DH
- Estanque del Agdal

El arte andalusí

En las ciudades del norte de Marruecos predominan el arte y la arquitectura heredados de Al-Andalus a través de la unión política entre ambos países que se mantuvo bajo los imperios almorávide y almohade, y también a través de la emigración de musulmanes y judíos hacia el sur, a medida que avanzaba la Reconquista.

Como los artistas clásicos musulmanes han procurado evitar siempre la representación de figuras humanas e incluso de animales por motivos religiosos, tanto la pintura como la escultura son bastante raras y excepcionales en el arte islámico hasta el siglo xx, de modo que se reduce a la arquitectura entendida en su sentido más amplio, es decir, incluyendo la ornamentación de los diferentes elementos constructivos y del mobiliario mediante motivos geométricos.

El estilo arquitectónico andalusí o hispano-musulmán se caracteriza por la simplicidad en las formas estructurales y la gran abundancia y variedad de recursos decorativos, tales como azulejos lisos o rebajados, mosaicos, yeso cincelado, madera tallada y pintada, etc. Con ellos se suele cubrir prácticamente toda la superficie visible, tanto de las paredes como del techo y del suelo.

En cuanto a la planta de los edificios, ya sean viviendas privadas de mayor o menor categoría, mezquitas, centros comerciales, hospitales o residencias de estudiantes, constan siempre de un patio central descubierto, alrededor del cual se distribuyen las estancias, las tiendas o –en el caso de las mezquitas– el oratorio y las galerías sostenidas por columnas.

Hallándose por lo general apiñados en el interior de una medina con callejuelas estrechas y cubiertas en muchos tramos, las construcciones andalusíes carecen con frecuencia de fachada o la tienen absolutamente lisa, con la sola excepción del portal y del alminar si se trata de un edificio religioso. Uno y otro pueden ornamentarse con los mismos recursos utilizados en le interior, si bien el yeso debe ir pintado o encalado para protegerlo de la lluvia. De hecho, casi todos los muros exteriores están encalados, lo que da a esta arquitectura el predominio tan característico del color blanco.

MUSEO DE MEKNÈS

Este museo de reciente creación ocupa el Borj Belqari, que formaba parte del sistema defensivo de la ciudad imperial. Presenta algunas muestras de cerámica neolítica, púnica y romana de todo el Norte de Marruecos y otras más recientes de las diferentes zonas del Rif.

LO QUE HAY QUE VER
EN LOS ALREDEDORES DE MEQUÍNEZ

MULAY IDRIS ZERHUN   *

Se puede visitar en la excursión a Volubilis. Se sale desde Mequínez en dirección a Tánger y a los 9 km hay que desviarse a la derecha.

La carretera es buena y transcurre siempre al pie del monte Zerhun. En la falda de la montaña destaca Mulay Idris Zerhun (12.600 habitantes), un pueblo blanco en el que se halla enterrado el fundador del reino de Fez. La tumba está en el interior de una zagüía de magnífica decoración, pero el acceso está reservado a los musulmanes.

VOLUBILIS (▶22)   ***

🕐 59 (B1)
✉ Rue Driba
🕘 9-18 h
💵 10 DH

▲ Vista de Mulay Idris Zerhun, en los alrededores de Mequínez.

¿Sabías que...?

El único minarete cilíndrico de Marruecos se halla en la mezquita Sentissi de Mulay Idris Zerhun. Desde la Gran-de Terrasse se puede observar el núcleo, el mausoleo y el citado minarete.

Rabat

La capital de Marruecos es una gran urbe moderna (65.000 habitantes), muy bien cuidada, y conserva huellas del pasado que hacen absolutamente aconsejable la visita.

Rabat fue fundada en el siglo XII por los almohades, que la equiparon con fantásticas edificaciones, como su inmensa mezquita o sus fuertes murallas, con la idea de convertirla en capital de su imperio, que se extendía hasta el Ebro. Sin embargo, tras la caída de aquella dinastía, la ciudad se despobló casi por completo. Solo su extremo norte renació en el siglo XVII al ser ocupado por los moriscos expulsados de España, que crearon una república independiente dedicada a la piratería, sometida más tarde por los alauitas. Por fin, tras la implantación del protectorado francés en 1912, el recinto de murallas almohades se transformó en la nueva ciudad colonial.

LO QUE HAY QUE VER EN RABAT

I LA MEDINA ✱

La medina de Rabat fue construida por los moriscos en el siglo XVII en un extremo del antiguo recinto almohade, limitado por un muro llamado "de los andalusíes".

En su interior destacan dos arterias comerciales perpendiculares entre sí: la **calle Souika,** en la que reina un gran bullicio hasta muy tarde, y la **calle des Consuls,** donde se concentra el comercio de alfombras. También son importantes la **avenida Mohamed V,** llena de cafés y restaurantes populares, y su paralela, la **calle Sidi Fatah,** donde se sitúa la hermosa mezquita del mismo nombre, mientras que el resto son callejuelas básicamente residenciales en las que reina una paz absoluta. En la actualidad se han rehabilitado dos funduqs, con artesanos y buenas tiendas.

I CASBA DE LOS UDAYAS (▶29) ✱✱✱

I MAUSOLEO DE MOHAMED V Y LA TORRE HASSAN ✱✱

La inmensa mezquita fundada por los almohades ha sido reconvertida en una simple explanada con restos de columnas de piedra y muros exteriores de tapial, donde destaca el alminar, de considerables dimensiones, llamado Torre Hassan, del mismo estilo que la Giralda y la Koutoubia. En el extremo sur de la explanada se yerguen asimismo algunas construcciones nuevas: una mezquita, una bibliote-

◀ Torre Mohammed VI, símbolo del nuevo Rabat.

> I **El nuevo Rabat**
> Rabat se moderniza con una moderna estación que recibe el tren de alta velocidad de al Boraq (Casablanca-Tánger), el Museo de Arte Moderno, el moderno Gran Teatro, el espectacular rascacielos o Torre Mohamed VI o el moderno *tramway* con sus dos líneas de Rabat a Salé.

· · · · · · · · ·

🚇 En el extremo norte de Rabat
✚ El cementerio y la playa de Rabat, ambos al norte de la medina

· · · · · · · · ·

🕐 67 (B3)
🚇 Avenida Abi Regreg
🕗 8-18 h a diario
📍 Avenida Hassan II
🎟 Libre

MEDINA

Madraza

Boulevard de la Mosquée

Fonduk Askur

Morabito y Mezquita de Sidi Ahmed Hayi

Marina de Salé

Boulevard Cheular

Bab Fez

S A L É

Route de

Route Provinciale N.1

N. 1

N. 2

A

Av. de la Plage

Bab el-Mrisa

Bab er-Rih

B o u

Regreg

Santuario de Lalla Quadia

Puente Mulay Hasan

Pl. Sidi Makhlouf

Gran Teatro de Rabat

CHELLAH

R. Meliva II

Boulevard Alaouiyne

Torre Hassan

B

Rue Moulay Abderrahman

Rue el-Mariniye

Rue Moulay Mourabitine

Mausoleo de Mohammed V

Abi Regreg

Torre Mohamed VI

Rue d'Aannaba

Boulevard Ismail

Rue el-Jazair

Pl. A. Lincoln

Boul. Tariq Ibn Ziyad

de Historia vilización

quita es-Sunna

Aneggay

Avenue de Fès

Salinas

C

Avenue Mohammed V

Av. Yacoub el-Mansour

Bd. Moussa Ibn Nossair

Necrópolis de Chellah

quita eh

Bab Zaër

D

d Doustour

John Kennedy

3

4

UN PASEO A PIE

Distancia
3 km

Duración
4 horas con las visitas

Punto de partida
Plaza An Nasser

Fin de trayecto
Casba de los Udayas

Por el centro de Rabat

▌ La visita puede comenzar en Bab Er Rouah, para contemplarlo tanto por fuera como por dentro.

Si se avanza por la avenida Moulay Hassan, dejando a la derecha el **Palacio Real** (▶69), se alcanza la **mezquita Es Sounna,** de bella arquitectura.

▌ Al este de esta se sitúa el **Museo de Historia y Civilización** (▶70), y al sur de la misma la **Villa des Arts** (▶70).

Yendo hacia el norte aparece la avenida Mohamed V, que constituye la principal arteria de la ciudad nueva.

▌ Pasada la estación de ferrocarril se verá el Parlamento a la izquierda y, poco después, a la derecha, el Bank Al Maghrib, donde se levanta el curioso Museo de la Moneda (▶69).

▲ Trasiego en la medina de Rabat.

Siguiendo en línea recta se atraviesa la amplia avenida de Hassan II, y se penetra de este modo en la medina.

▌ Un poco más allá, a la derecha por la Rue Souika, abarrotada de comercio, el paseo desembocará en la calle des Consuls que, si se toma a la izquierda, dará con el bulevar Al Marsa.

En este punto se alcanza la **casba de los Udayas** (▶29), que bien merece una visita.

▲ Las puertas de entrada del Palacio Real.

ca y el mausoleo real donde reposan los restos de Mohamed V y Hassan II. El edificio se realizó con un extraordinario lujo, empleando materiales nobles, y para ello se contó con los mejores artesanos del país. Miembros de la guardia real, a pie y a caballo, impecablemente vestidos de blanco, le rinden homenaje permanentemente.

I LA CHELLAH ✱✱
El recinto de murallas construido por los meriníes con el nombre de Chellah encierra algunos mausoleos de aquella misma dinastía, una mezquita en ruinas, los restos parcialmente excavados de la antigua colonia romana de Sala y un maravilloso jardín con múltiples especies vegetales donde anidan las cigüeñas. También resulta impresionante el portal de acceso al conjunto. Actualmente cerrada por restauración.

I PALACIO REAL ✱
Construido en el siglo XIX, el Palacio Real de Rabat continúa en uso, pero únicamente se permite a los visitantes el acceso a sus jardines. Desde estos se ve la puerta principal del edificio y también algunas otras construcciones, como la **mezquita Ahl Fas** y varios ministerios.

I MUSEO DE LA MONEDA ✱✱
Dentro del edificio del Bank Al Maghrib, este museo guarda una valiosa colección de monedas de diferentes épocas históricas, bien presentada y documentada.

· · · · · · · · ·

🕐 66 (D2)
✉ En la zona sur de la ciudad
🕐 Abierto todo el día
📍 Avenida Moulay Hassan
🎟 Libre

· · · · · · · · ·

🕐 66 (C2)
✉ Avenida Mohamed V
🕐 De 9-17.30 h,
de lunes a sábado
🖥 www.bkam.ma/musee

67 (C3)
23 calle Al Brihi, en el centro de la ciudad nueva
Avenida Moulay Hassan
10 -18 h, excepto martes
20 DH
Mezquita As Sounna

67 (C3)
10, rue Beni Mellal esq. Avenue Mohamed V y Hassan II
537 668 579
www.fondationona.ma/vdarabat
9.30-19 h de martes a domingo

A 16 km al norte de Rabat por la carretera Salé-Kénitra
537 822 1781
9-17 h

▼ Museo de Arte Moderno.

MUSEO DE HISTORIA Y CIVILIZACIÓN ✳

Recién adaptado y modernizado, el museo ocupa un edificio de la década de 1930, inspirado en una villa romana. De dimensiones modestas, contiene valiosas piezas halladas en Volúbilis y otras excavaciones de ruinas romanas o prerromanas, así como algunos objetos correspondientes a los primeros siglos del islam.

VILLA DES ARTS ✳

Se trata de una mansión de época colonial restaurada con mucho acierto e incluye diferentes salas de exposiciones, así como un sorprendente museo de las nuevas tecnologías en material audiovisual. Dispone de dos espacios más alrededor de un agradable jardín.

MUSEO MOHAMMED VI DE ARTE MODERNO Y CONTEMPORÁNEO (▶ 25)

LO QUE HAY QUE VER EN LOS ALREDEDORES DE RABAT

MUSEO DAR BELGHAZI ✳✳✳

Entre Rabat y Kénitra, el museo contiene 4.000 piezas de alto valor que representan las variantes de la artesanía urbana tradicional, desde vestidos de seda y joyas de oro hasta muebles de cedro tallado y armas llenas de incrustaciones.

I SALÉ ***

A pesar de la proximidad que tiene con la capital, Salé (900.000 habitantes) tiene vida independiente. Fortificada y embellecida por los meriníes, también ella se pobló de moriscos en el siglo XVII y prosperó gracias a la piratería. Si bien su medina se halla muy modernizada, conserva la muralla, con diferentes puertas de gran belleza, como **Bab Mrisa,** y una madraza del siglo XIV de tamaño reducido, pero decorada con gusto exquisito, empleando a fondo todos los recursos del arte hispanomusulmán.

La playa de Salé no es muy grande pero está limpia y goza de una vista excelente sobre la desembocadura del Bou Regreg, con la casba de los Oudaïa al otro lado. Cercana a la desembocadura del río se ha construido una moderna marina con lujoso hotel y un gran centro comercial.

I JARDINES EXÓTICOS DE SIDI BOUKNADEL *

Se halla en la carretera de Kénitra, a unos 8 km de Salé. Contienen un gran número de plantas tropicales. Es un lugar muy agradable para relajarse, pero hay que prestar atención para descubrir la entrada, la cual no es muy visible.

I MOHAMMEDIA *

Ciudad principal desde la Edad Media por su comercio marítimo, la antigua Fedala pasó a llamarse Mohammedia tras la independencia de Marruecos, en honor al rey Mohamed V.

Aunque la localidad (210.000 hab.) vive principalmente de la industria, tiene unos jardines bien cuidados y la casba, con puerta monumental, que se conserva en el centro. Estos son algunos de sus atractivos turísticos, junto con la playa, que ocupa unos 3 km.

9 km al norte de Rabat

▲ Portal de acceso al recinto amurallado de Chella.

¿Sabías que...?
Pasado el bonito faro de la Caleta hacia Mohammedia se abren espacios urbanos litorales como Témara llenos de vida, sobre todo en verano.

17 km al norte de Rabat
www.jardinsexotiques.com
537 822 756
Abiertos de 9-17.30 h, hasta las 19.30 h en verano
20 DH

63 km al sur de Rabat y 31 km al norte de Casablanca

❚ Casablanca

Pese a su mítico nombre, Casablanca (3.500.000 habitantes) no se cuenta entre las poblaciones más atractivas del país para el viajero, ya que es una gran urbe moderna e industrial, capital económica de Marruecos. Se ha remodelado su litoral (marina y puerto de cruceros) además de la modernización del tranvía.

Fundada por Sidi Mohamed Ben Abdellah en el siglo XVIII para promocionar el comercio marítimo, Casablanca no empezó a poblarse realmente hasta finales del siglo XIX y fue tras la implantación del protectorado francés cuando alcanzó su máximo desarrollo y luego tras la construcción de modernas líneas de tranvía. El barrio litoral de Anfa se sitúa como el más moderno de Marruecos con grandes y modernos rascacielos que miran al desarrollo de la ciudad con vistas al Mundial de Fútbol 2030.

LO QUE HAY QUE VER EN CASABLANCA

❚ MUSEO FUNDACIÓN ABDERRAHMAN SLAOUI ★★

Excelente muestra de artes decorativas marroquíes destacando la sección de joyas y mobiliario. Cercano está el Gran Teatro iniciado en 2018 e inaugurado en 2024. Por su modernidad supone un icono de esta ciudad cada vez más moderna.

❚ VILLA DES ARTS DE CASABLANCA ★

Ubicada en una hermosa casa art decó, se trata de una dinámica galería de contemporáneos artistas marroquíes.

❚ MUSEO DEL JUDAÍSMO MARROQUÍ

En un edificio de nueva construcción, este pequeño museo rompe los mitos creados en torno al judaísmo y demuestra que los hebreos convivieron pacíficamente con los musulmanes en Marruecos durante muchos siglos. Contiene valiosos objetos litúrgicos, acompañados de aclaraciones y numerosas fotografías.

❚ LA VIEJA MEDINA ★

Las murallas de tierra del siglo XVIII encierran un barrio sin un especial interés arquitectónico –excepto el de sus mezquitas y una curiosa iglesia colonial española–, pero que mantiene su estructura urbana tradicional y se muestra repleto de comercios lle-

◄ El lujoso edificio de la mezquita Hassan II.

⏱ 74 (C2)
✉ Rue du Parc, 12
🕐 De martes a sábado de 10-18 h
🌐 www.musee-as-ma
💳 60 DH

⏱ 74 (C1)
✉ Bulevar Brahim Roudani, 30
🕐 Martes-domingo, 9.30-19 h
🌐 www.fondationona.ma

⏱ 74 (f.p.)
✉ Rue Chasseur Jules Gros, 81
🌐 www.jewishmuseumcasa.com
🕐 10-17 h (18 h en verano) de lunes a viernes, domingo de 11-15 h
💳 50 DH

⏱ 74 (A-B2)
✉ Junto al puerto
🌐 www.visitcasablanca.ma
ℹ Cerca de la Skala, junto a la Mezquita Hasán II y en la plaza Mohamed V

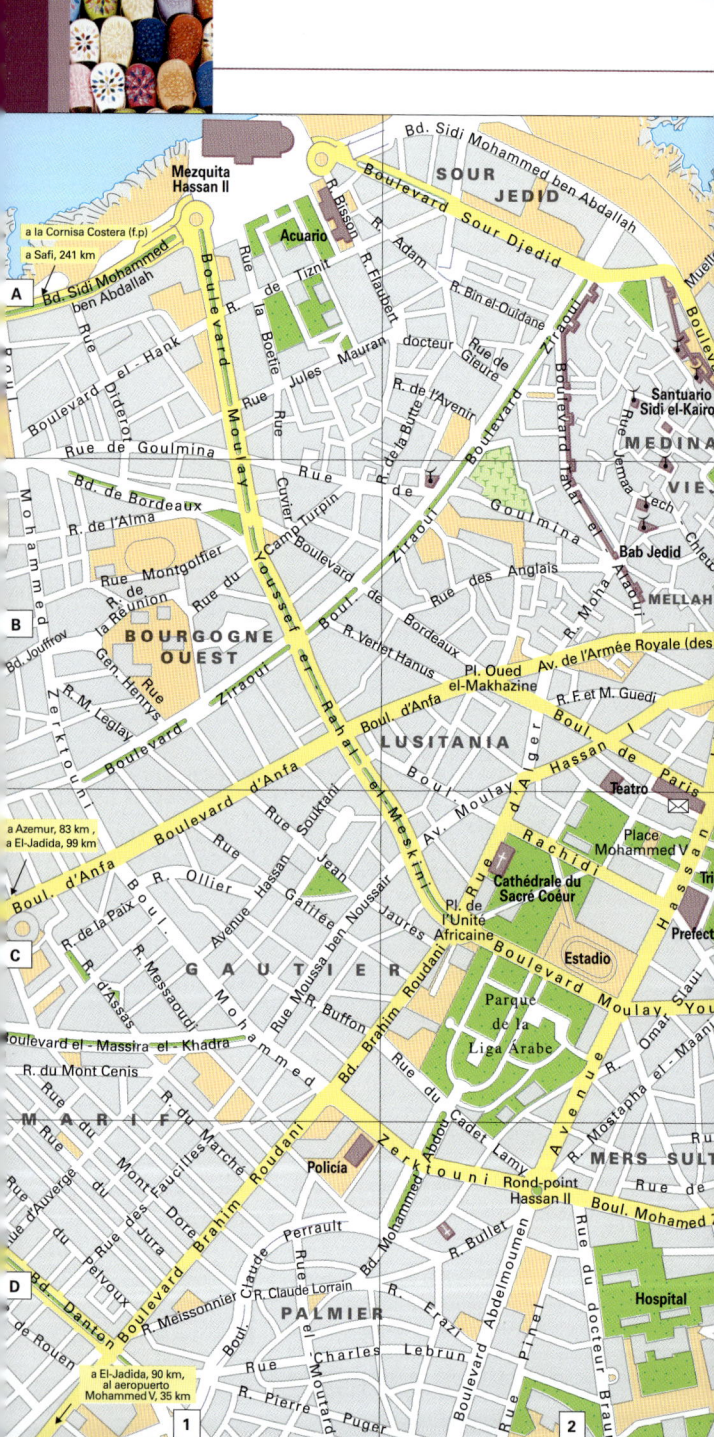

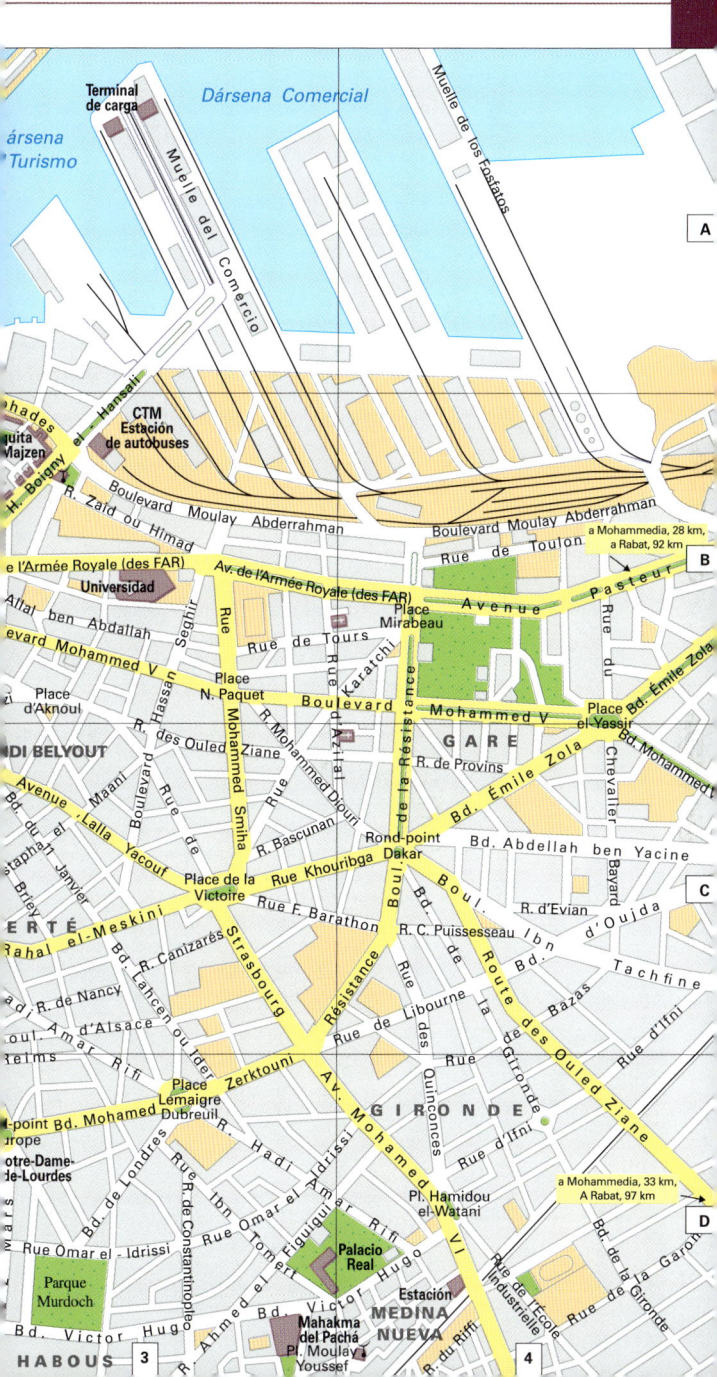

nos de interés para el turista. En la parte del mar destaca una fortificación llamada **Skala,** fechada en 1769 y restaurada recientemente.

❚ LA CIUDAD COLONIAL ✱
Cientos de edificios *art déco* y neoclásicos repartidos por toda la ciudad colonial son testimonio del extraordinario desarrollo urbanístico vivido por Casablanca entre 1912 y 1930. Las fachadas más interesantes las encontramos en la plaza Mohamed V (antes plaza des Nations Unies), la avenida Mohamed V y calles adyacentes, la calle Allal ben Abdellah, la avenida Lala Yakout, la calle Driss Lahrizi y la avenida Moulay Youssef. Entre los monumentos destaca la catedral de Notre-Dame de Lourdes y el cuidado Parque de la Liga Árabe. En la Avenida Mohamed V se halla un interesante mercado.

❚ LA NUEVA MEDINA ✱
Este barrio (Quartier Habous) fue construido bajo el protectorado francés para hacer frente al crecimiento de la población local y a sus necesidades mercantiles. Es de estilo neo-orientalista y en su interior se alza un palacio real de interesante fachada y el interesante Mahkam du Pasha o palacio de justicia.

LO QUE HAY QUE VER AL SUR DE CASABLANCA

❚ AZEMMOUR ✱
Junto a la desembocadura del gran río Oum Er Rabia, la villa (42.000 habitantes) cuenta con una parte antigua rodeada de impresionantes murallas y dividida en dos barrios. Uno de ellos, conocido como "la alcazaba", data de la ocupación portuguesa en el siglo XVI. El otro, conocido como "la medina", es de construcción más tardía. Desde el interior, una escalera permite subir al camino de ronda que hay por encima de los muros con buenas vistas sobre el río y la campiña.

▼ La costa atlántica en Safi.

| EL JADIDA ✱✱

El Jadida ("la Nueva"; 195.000 habitantes) fue construida en 1820 sobre las ruinas de la Mazagán portuguesa del siglo XVI. Durante el protectorado, su parte antigua recuperó el aspecto de otro tiempo, que aún conserva en la zona conocida como "la ciudadela portuguesa", rodeada por un grueso muro de piedra con cinco bastiones y que contiene tres iglesias, así como una cisterna lusa de aspecto muy pintoresco.

La cisterna data de 1514 y fue construida inicialmente como fortín, antes que la ciudad. La luz, que penetra por una pequeña claraboya, produce un efecto fantástico en el agua, donde se reflejan arcos y columnas. Se puede acceder al camino de ronda que circula por encima de la muralla, desde donde se obtiene una panorámica del puerto.

- ⬛ 107 km al sureste de Casablanca por vías rápidas
- 📞 523 344 788
- 🌐 www.eljadida.com
- 🕐 Cisterna portuguesa, 9-13 h y 15-18.30 h
- 🚌 Autobuses a Casablanca, Marrakech, Esauira. Estación de autobuses en av. Mohamed V
- 🍴 Restaurante La Capitainerie y Restaurante du Port
- 💶 Cisterna portuguesa, 25 DH
- ➕ Moulay Abdellah, 10 km al suroeste. Dentro de su muralla hay una zagüía del siglo XII

| UALIDIA ✱

Fundada en el siglo XVII por el sultán El Oualid, que le dio nombre, de la **casba de Ualidia** se observan los restos de sus muros y mezquita. El interés de la población radica en su emplazamiento, junto a una hermosa laguna conectada con el océano en un solo punto y con una isla en el centro, hábitat de aves acuáticas, aparte del mercado tradicional del sábado, junto al puerto, donde hay puestos de pescado y marisco (ostras).

- ⬛ 183 km al sureste de Casablanca
- 🌐 www.oualidia.info
- 🍴 Restaurante La Sultana Oualidia

| SAFÍ ✱✱

Ocupada por los portugueses entre 1508 y 1541, Safí (309.000 habitantes) fue una importante ciudad portuaria a lo largo de la historia y, si bien la actual actividad industrial la hace poco atractiva, conserva numerosas huellas de su pasado. Entre los monumentos lusos cabe destacar el **castillo del Mar,** antaño residencia del gobernador; la *kachla* o caserna, donde se ha instalado el **Museo Nacional de la Cerámica,** en la parte alta de la ciudad antigua, y la **catedral de Santa Catalina,** de la que solo se visita el coro. Junto a esta última, dentro de la medina, se yergue un bello alminar de estilo almohade.

A su alrededor, las callejuelas conservan un aire tradicional, y en ellas se crea un gran bullicio por la tarde. Safí es conocida además por su producción de cerámica vidriada. Aunque la mayor parte de esta labor se realiza hoy en las fábricas de la zona industrial, quedan algunos alfareros que todavía usan métodos ancestrales en torno a una colina, junto a Bab Chaâba.

- ⬛ 240 km al suroeste de Casablanca
- 🕐 Castillo del Mar, 8-12 h y 14.30-18.30 h Museo de la Cerámica, 8.30-12 h y 14-18 h, excepto martes
- 🚌 Autobuses a Casablanca, Marrakech, Esauira. Estación en av. President Kenned, al sur de la ciudad
- 🚉 Rue R´bat
- 🍴 Puestos de pescado a la plancha en la carretera de El Jadida, por la costa
- 💶 Castillo del Mar, 10 DH. Museo de la Cerámica, 10 DH.
- ➕ Souira Kedima, castillo portugués al borde mismo del mar, 31 km al suroeste de Safi

| ESAUIRA (▶28) ✱✱✱

▌Marrakech

La antigua capital del imperio de Marruecos se ha convertido hoy en día en una ciudad un tanto afrancesada, ajardinada y cuidada con esmero, cuya actividad se vuelca por completo en el sector turístico.

Fundada y fortificada por los almorávides en el siglo XI, la ciudad fue capital de esta dinastía y de los almohades que les sucedieron, quienes la embellecieron con monumentos aún visibles, como la mezquita Koutoubia o la mezquita de la alcazaba.

En el siglo XIII, los meriníes devolvieron la capitalidad a Fez, pero doscientos años más tarde los saadíes elevaron Marrakech a su máximo esplendor. Abandonada posteriormente por los primeros alauitas, decayó y se despobló, si bien a partir del siglo XIX volvió a ganar cierta relevancia con esa corte itinerante que solía instalarse en ella algunos meses al año.

La ciudad, sus muros y los minaretes no se libraron del terremoto de 2023, pero volvió rápido a la normalidad y siguen abriendo tiendas y riads, así como lo hizo también el moderno Museo Yves Saint Laurent.

Office Regional Marocain du Tourisme
- 🕐 80 (A1)
- ✉ Place Abdel Moumen Ben Ali
- ☎ 524 436 179
- 🕐 De lunes a viernes de 8.30-16.30 h

- ✈ Aeropuerto Marrakech-Menara; telf. 524 447 910; www.marrakesh.airport.com, a 6 km al sureste de la ciudad conectado con la línea de autobús 19
- 🚆 Estación de ferrocarril, av. Hassan II con Bulevard Mohamed VI; www.oncf.ma
- 🚌 Estación de autobús, Gare Routière Bab Doukkal junto a la puerta

◀ Minarete y jardines de la mezquita Kutobia.

▼ Puesto de alfombras en Marrakech.

LO QUE HAY QUE VER EN MARRAKECH

▌MEZQUITA KUTOBIA ★★
Construida en el siglo XII, en el periodo almohade, la mezquita Koutoubia destaca por su alminar de piedra de 70 m de altura y magnífica ornamentación, símbolo de la ciudad y hermana de la Giralda de Sevilla y de la Torre Hassan de Rabat. Una zona ajardinada rodea el edificio y permite verlo desde diferentes ángulos. El acceso al interior está reservado a los musulmanes.

- 🕐 80 (C2)
- ✉ Al final de la avenida Mohamed V, en la medina
- 🚌 Autobús turístico en las inmediaciones

a Fès, 489 km
a Ouarzazate, 204 km

Machra

Bab
el-Khémis

Bab
Kechich

i Rhalem

Rue Assouel

Rue de Bab el-Khémis

Route des Remparts

Barrio

de los

Curtidores

Bab
ed-Debbarh

Route des

Bab
Rachidia

Ouadi Issil

A

leo de
l-Aziz

Mezquita
Ibn Yusuf

Medersa
Ibn Yusuf

Museo de Marrakech

Kubba
el-Baadiyn

n Mezquita
Muassine

R. Souk
Smarine

Bab Fteuh

Rue Issebtiyne

MEDINA

R. de Bab Atten

Bab Ailen

Mezquita
del Qadi Ayad

B

Dabachi

R. Sidi Boulabada

Remparts

R. Rue Riad ez-Zitoune - Jdid

Rue Douar Graoua

Rue Ba Ahmad

R. Riad ez-Zitoune - Kedim

Museo de
Dar Si Said

Museo
Dar Tiskiwine

Palacio de
la Bahía

Rue Imam el-Rhezali

Bab Rhemat

Zaouia de
Sidi Youssef
ben Ali

C

man el-Fétouaki

Pl. des
Ferblantiers

MELLAH

Zoco de los joyeros

Bab Berrima

Palacio El-Badi

bas
dies

Palacio Real

Av. Mbark

Avenue

Rue Seguia

Rue Rouis

KASBA

Mechuar
exterior

Rue de Bab Ahmar

Bab Ahmar

kasba

du Méchuar

Bab
Agdal

Mechuar
interior

de Bab Irhli

Jardin
del Aguedal

3

Gran
Mechuar

4

- 🕐 81 (C3)
- ✉ Rue Touareg Arest, 37
- ☎ 524 378 163
- 🕐 Todos los días, 9-17 h
- 🎫 70 DH

- 🕐 81 (C3)
- ✉ Rue Riad Zitoun Jdid
- ☎ 524 38 91 79
- 🕐 8-17 h todos los días
- 🌐 https://bahia-palace.com
- 🎫 70 DH
- ➕ El Mellah, con su zoco cubierto

▌ RUINAS DEL PALACIO EL BADI　　　✱

Construido por Ahmed el Mansour en el siglo XVI, este enorme palacio estaba ornamentado sin duda con el mismo lujo que las tumbas saadíes y debió de constituir una verdadera maravilla.

Parte de los nobles materiales fueron llevados a Mequínez por Moulay Ismail y el resto sufrió los embates del tiempo, de modo que hoy el recinto se halla convertido en un amasijo de ruinas, impresionantes por su volumen, distribuidas en torno a un gran estanque. En una de las salas restauradas se expone el **mimbar de la Koutoubia,** obra maestra de madera tallada realizado en Córdoba en el siglo XII.

▌ PALACIO DE LA BAHÍA　　　✱✱✱

Este palacio, de grandes dimensiones y muy bien conservado, fue levantado a finales del siglo XIX por el visir Ba Ahmed, que consiguió construir gracias a un poder efectivo, aprovechando la minoría de edad del sultán Moulay Abdelaziz. Consta de lujosas estancias repartidas en torno a grandes patios. Además de las

▶ El concurrido patio del Palacio de la Bahía. Ben Youssef.

salas de recepción y del consejo, se puede observar la mezquita y los apartamentos privados de las cuatro esposas y 24 esclavas o concubinas que poseía el visir, dispuestos en torno a grandes *riads*.

MUSEO DAR SI SAID ★★

El palacete decimonónico llamado Dar Si Said, que perteneció a un hermano del visir Ba Ahmed, ha sido transformado en un museo de artesanía marroquí con exposiciones temporales. El edificio en sí ofrece un gran interés por la magnífica ornamentación en paredes y techos. Destaca especialmente la sala de recepción con su ostentoso techo de cedro.

- 81 (C3)
- 8 Rue de la Bahia
- 524 389 564
- 10-18 h, martes cerrado
- https://fnm.ma
- Avenida Houmman El Fetouaki
- 30 DH

MUSEO DE MARRAKECH (PALAIS MENEBHI) ★★

La mansión de Mehdi Menebhi, ministro de la guerra bajo el reinado de Moulay Abdelaziz (finales del siglo XIX) ha sido transformada en un espacio dedicado a las exposiciones temporales. Al margen de su contenido, el edificio merece la visita por su fantástica decoración artesanal.

- 81 (B3)
- En la medina, al norte de los zocos
- 524 441 893
- Cisterna portuguesa, 9-13 h y 15-18.30 h
- Cafetería en el interior del recinto
- 50 DH. Válida también para la medersa Ben Youssef y la Koubba Baadiyne
- Koubba Baadiyne, fuente de abluciones de la mezquita Ben Youssef, de época almorávide

⏱ 81 (B3)
✉ En la medina, al norte de los zocos, cerca del Museo de Marrakech
☎ 674 747 464
⏱ Todos los días, de 9-18 h
💶 50 DH. Válida para el Museo de Marrakech y la Koubba Baadiyne

▎ MADRAZA ALI BEN YOUSSEF ★★★

Esta residencia de estudiantes de considerables dimensiones fue construida en el siglo XVI junto a la mezquita del mismo nombre, que había sido fundada por Ali Ben Youssef en el siglo XII y que fue totalmente renovada por los saadíes.

Su plano es el mismo de las mezquitas meriníes de Fez, Mequínez o Salé, con un oratorio y numerosas habitaciones repartidas a varios niveles en torno a un gran patio ricamente decorado.

▎ LAS MURALLAS Y PUERTAS ★★

Recientemente restuaurada, así como sus alrededores, toda la muralla almorávide, construida de tapial en el siglo XII, continúa en pie con sus nueve entradas monumentales, incluyendo Bab el Makhzèn, que se halla tapiada. Las más interesantes son **Bab el Khemis y Bab Doukkala,** seguidas por Bab Ahmar, que da acceso al recinto del Palacio Real.

Se puede atravesar el recinto para completar el circuito. Si no, hay que dar un rodeo por los **huertos del Aguedal,** que en invierno ofrecen una bella imagen de las palmeras, con el Atlas nevado al fondo.

▼ Pabellón en los jardines de La Menara.

✉ Al sudoeste de la ciudad, a 2 km de la medina
⏱ De 7 h hasta la puesta de sol
🚌 Autobús turístico junto a la entrada. También el autobús urbano 11
💶 Acceso libre al recinto

▎ LA MENARA ★★

El conjunto está formado por un extenso olivar plantado por los almohades, un gran estanque de la misma época destinado a su irrigación y, en el extremo sur de este, un pabellón decimonónico decorado con buen gusto y delicadeza, desde cuyo balcón se obtiene unas excelentes vistas.

Los riads

En su acepción tradicional, el término "riad" se refiere a un jardín de naranjos o limoneros rodeado por galerías y estancias construidas a un solo nivel. Su función original era la de dar alojamiento a los invitados y generalmente formaba parte de una mansión o incluso de un palacio, dentro de la medina. La de Marrakech cuenta con abundantes ejemplos, pero también los hay en Fez, en Rabat y en algunas otras.

En los últimos años, no obstante, la palabra "riad" ha pasado a designar cualquier vivienda tradicional de la medina, o incluso levantada en una época reciente fuera de la misma, a condición de que tenga un patio central, con o sin vegetación.

La mayor parte de estos nuevos "riads" los destinan hoy a la hostelería. En Marrakech, un buen ejemplo de casa antigua distribuida en torno al clásico patio interior y abierta al público para su visita es la llamada **Dar Tiskiwin**, en una travesía de la calle Riad Zeitoun el Jdid, cerca del museo Dar Si Said. Un lujoso y monumental riad es **La Sultana**, junto a las tumbas saadíes. Sus patios y hamán son un auténtico lujo.

Hamán La Sultana

Además, en los salones de Dar Tiskiwin se presenta una interesantísima exposición de objetos de arte marroquíes y africanos que muestran la relación estética entre ambas culturas. Otras casas tradicionales o "riads" han sido transformadas en restaurantes o en cafeterías, de modo que no es difícil acceder a alguno de ellos, en el supuesto de que no se esté alojado ya en una de las múltiples *maisons d'hôtes* que tanto abundan hoy en la medina. Incluso hay algún auténtico riad con sus cítricos y sus galerías, como el **restaurante Dar Mimoun**, mencionado en el apartado correspondiente.

La arquitectura de los riads en general sigue las pautas del estilo andalusí, con profusión de azulejos, mosaicos, yeso cincelado y artesonados de madera de cedro. Tanto su riqueza como la delicadeza de su composición varían según el nivel económico de sus constructores y también según la época de la que datan. Las moradas más antiguas que hoy se conservan fueron levantadas a mediados del siglo XIX y son de piedra, mientras las más modernas han sido reconstruidas recientemente con hormigón armado, aunque las hayan recubierto con materiales típicos de Marrakech como el *tadalakt* (una mezcla de cal con arena, alumbre, yema de huevo, aceite, jabón y otros componentes) o los ya mencionados más arriba.

Por la medina de Marrakech

Distancia
6 km

Duración
una jornada incluyendo las visitas y algunas compras en el zoco

Punto de partida
Bab Doukala

Fin de trayecto
Bab Aguenaou

Almuerzo
Café Árabe
Rue Mouassine, 184
www.cafearabe.com
Telf. 5244 291 728

▶ Calle de la medina.

Si se entra por la magnífica **puerta de Bab Doukala,** continuando en línea recta hasta la mezquita del mismo nombre, habrá que tomar el camino de la izquierda –ya que la calle se bifurca– para alcanzar a la derecha la entrada de **Dar El Glaoui,** donde residió el pachá Thami El Galoui hasta 1956. Cercano se abrió Dar El Bacha y su contiguo y famoso café Árabe.

Más adelante el paseo mostrará dos espléndidos *fondouks* restaurados recientemente, el de **El Mizan,** con su enorme balanza, y el de **Al Amri,** con sus talleres de ebanistas. Tras esto, callejeando, se encuentra la **mezquita Ben Youssef;** junto a ella, el **Museo de Marrakech** (▶83), y muy cerca, en un callejón, la **madraza Ben Youssef** (▶84).

El paseo se adentra en los zocos y, yendo hacia el sur, alcanzará la **plaza Jemâa el Fna** (▶26). Una vez vista esta, se puede continuar por la calle des Banques y su continuación, Tariq Riad Zeitoun el Jdid.

Si se presta atención a las indicaciones, a mano izquierda están los **museos Dar Si Said** (▶83) y **Dar Tiskiwin** (▶85), llegando finalmente a la puerta del **Palacio de la Bahía** (▶82).

Interesante realizar una visita al zoco cubierto del Mellah –al sur del anterior monumento– y salir después por la otra puerta a la plaza des Ferblantiers para buscar el **palacio El Badi** en su lado sur.

La avenida Houmman El Fetouaki conducirá a la **mezquita Kutobia** (▶79); la calle Sidi Mimoun desemboca en Bab Aguenaou, por donde el paseo se interna en la alcazaba, con la visita a las **tumbas saadíes** (▶87). Las distancias no son excesivas, pero estas dos últimas vías tienen mucho tránsito, por lo que resultará más agradable hacerlas en taxi o en calesa.

JARDÍN MAJORELLE ★★

Este pequeño pero exuberante y bien cuidado jardín es obra del pintor francés Jacques Majorelle, que se estableció aquí en 1924. En medio del jardín, su taller ha sido reconvertido en un museo donde se pueden descubrir algunos de sus dibujos y también valiosos objetos de arte de diferentes países islámicos.

- 80 (A1)
- Rue Yves St Lourent
- 524 313 047
- www.jardinmajorelle.com
- 8-18.30 h
- 155 DH

MUSEO IVES SAINT LAURENT ★★

Con una arquitectura que no deja de sorprender (idea de su pareja Pierre Bergé) y contiguo al Jardín Majorelle, en 2017 se abrió este museo al conocido diseñador de moda que tanto amó Marrakech.

- 81 (C3)
- Rue Yves Saint Laurent
- www.museeyslmarrakech.com
- Telf. 5242 988 686
- Todos los días salvo el miércoles de 10 a 18.30 h
- 100 DH

OTROS MUSEOS

En poco tiempo se han abierto otros museos y espacios culturales: como **Dar el Bacha**, **Museo de la Femme** (de la mujer), **Maison de la Photographie**, **Museo de las Artes Culinarias Marroquíes**, el **Jardin Secret** o el curioso **Museo Mouassine**, la mayoría con cafeterías en sus terrazas. En la Ville Nouvelle, carretera a Casablanca, se halla el curioso museo de actualidad dedicado al agua o **Museo por la Civilización del Agua** en Marruecos (www.museeaman.ma).

ZOCOS ★★

Están situado al norte de la plaza Jemâa el Fna. Su funcionamiento es comparable al de los gremios medievales en Europa, pues cada calle o zoco había un tipo determinado de artesanos que fabricaban, y al mismo tiempo vendían, sus productos excepto algunos, que solo comerciaban con mercancías procedentes de otras regiones, como las especias orientales o los esclavos del África subsahariana. Se podían así distinguir los zocos del cobre, de los calderos, de la madera, del hierro forjado, del mimbre, de las babuchas, del cuero, de las alfombras, de las telas teñidas, de las chilabas, de las especias, de las hierbas medicinales, de los perfumes. etc.

Hoy en día muchos de los artesanos han sido sustituidos por comerciantes que ofrecen productos acabados traídos de fábricas modernas o de otras

▼ Calle del zoco de Marrakech.

El Gran Atlas
por el Tizi n'Tichka

Distancia
200 km

Duración
4 horas sin contar los
posibles desvíos

Punto de partida
Marrakech

Fin de trayecto
Uuarzazat

Almuerzo
Los restaurantes populares
de Taddert (E) proponen
excelentes pinchos de
cordero

Advertencia
Este trayecto puede
cortarse por la nieve entre
noviembre y marzo, pero
no suele permanecer más
de 24 horas cerrado

▎ La carretera N 9 de Marrakech a Ouarzazate
permite disfrutar de un paisaje de montaña fantástico, si bien las personas propensas al vértigo
o al mareo lo pasarán un poco mal con sus curvas
cerradas y sus abismos.

Los primeros 30 km discurren por el llano hasta
llegar a **Aït Ourir.**

▎ Después, el camino se adentra en una zona de
media montaña con bosques de pinos y pasa un
primer puerto llamado **Aït Imguer,** de 1.470 m,
para descender ligeramente a un valle con abundante vegetación. Todo esto antes de alcanzar
Taddert y emprender la fuerte subida por un
terreno desolado, donde se distingue una franja
verde al fondo de los barrancos.

A 109 km de Marrakech se alcanza el **Tizi
n'Tichka,** de 2.260 m de altitud.

▎ Poco después, un desvío a la izquierda conduce
a **Telouet** (▶95). Unos 10 km más allá, en **Ighrem
n'Ougoudal,** se levanta un granero comunitario
en forma de casba.

Los parajes pintorescos se suceden sin inter-
rupción. A 178 km de Marrakech, por fin, una
carretera que nace a la izquierda conduce hasta
Aït Ben Hadu (▶93).

▎ A la derecha se deja ver **Tazentout,** con sus
casas de tierra roja, y un último tramo de colinas
rocosas recalará en **Uarzazat** (▶93).

▼ Casba de Taourirt en
Uarzazat.

ciudades, aunque se mantiene la estructura original de los zocos, con su eterno bullicio. Los mercaderes resultan algo pesados, pues intentan atraer a los turistas hacia sus tiendas por cualquier método, incluso tirándoles del brazo.

I TUMBAS SAADÍES ★★

Este conjunto de tres mausoleos de finales del siglo XVI guarda los restos del gran sultán saadí Ahmed El Mansour y de sus familiares. Están hechos con materiales nobles, como el mármol de Carrara o la madera de cedro y constituyen una obra maestra del arte hispanomusulmán llevado a su máxima espectacularidad.

De los tres mausoleos, el más destacado es el que contiene las tumbas del sultán, de su hijo y de su nieto, cubiertas por una enorme y delicada cúpula de mocárabes que sostienen doce columnas. En su origen, el recinto formaba parte de la mezquita de la alcazaba, pero actualmente se accede a él por un pasadizo excavado en la muralla.

🕐 81 (C3)
✉ Dentro de la alcazaba, al sur de la medina, con acceso a través de Bab Aguenaou
🕐 9-17 h
💶 70 DH
➕ La mezquita de la alcazaba, del siglo XII, y la hermosa puerta de Bab Aguenaou

I CÚPULA BA'ADIYN ★★

Esta cúpula es el único monumento almorávide que se conserva en Marrakech, aparte de las murallas. Cubre la fuente de las abluciones de la primitiva mezquita de Ali Ben Youssef (principios del siglo XII), que en el siglo XVI fue reconstruida ligeramente más al norte, por lo que el monumento quedó fuera de ella. Destaca por su delicada ornamentación a base de arcos de herradura apuntados y junto a ella se aprecian las canalizaciones que distribuían el agua por la ciudad.

🕐 81 (B3)
✉ En la medina, al norte de los zocos. Cerca del Museo de Marrakech
🕐 Cerrado. Solo se aprecia desde el exterior

I EL PALMERAL (LA PALMERIE) ★

Plantado por los almorávides en el siglo XI y regado mediante canalizaciones subterráneas que traían el agua de la montaña, el palmeral de Marrakech es el más septentrional del país y el único que se sitúa al norte del Atlas. Un circuito bien indicado a partir de la carretera de Fez permite recorrer buena parte del mismo, cruzando el río Tensift por un puente almohade. Antiguamente, bajo las palmeras había cultivos de hortalizas y de gramíneas, pero actualmente la mayor parte de su superficie se halla ocupada por los chalés de las familias pudientes y por algunos hoteles.

En el Palmeral se halla el **Museo de la Palmerie** de la fundación Benchaâbane y también el **Museo de Arte Contemporáneo Africano Al Maaden** (*de miércoles a domingo de 10 h a 18 h*).

✉ Al norte de la ciudad
🚌 Una de las líneas del bus turístico lo recorre
💶 Entrada libre

**LO QUE HAY QUE VER
EN LOS ALREDEDORES DE MARRAKECH**

- 76 km al sur de Marrakech
- Autobuses a Marrakech en temporada de nieve
- Restaurante Le Courchevel

▶ Cascadas de Uzud.

- 66 km al sur de Marrakech
- 524 485 626
- Taxis colectivos a Asni y autobuses, desde allí, hacia Marrakech
- Café Hotel Soleil

- 170 km al este de Marrakech, en la vertiente norte del Gran Atlas
- Autobús a Azilal y, desde allí, un taxi colectivo a Uzud
- Riad Cascades d'Ouzoud

▼ Macaco de Berberia.

❙ OUKAÏMEDEN ★★

La **estación de invierno de Oukaimèden** se sitúa a 2.600 m de altura, en una zona de verdes pastizales que ha atraído al hombre desde el Neolítico. Prueba de ello son las decenas de grabados rupestres que se pueden apreciar en los alrededores. El paisaje es hermoso, con un pantano entre prados y las cumbres del Gran Atlas al fondo. Para acceder a las 20 pistas de esquí hay tres telesquíes y un telesilla. A medio camino entre Marrakech y Oukaimèden, un desvío penetra en **Aghmat,** que fue una ciudad importante antes de que Marrakech fuera fundada. Se han hecho excavaciones y se puede visitar el **mausoleo** del rey de Sevilla destronado por los almorávides, **Al Moutamid Ibn Abad.**

❙ IMLIL ★★

Imlil es ante todo la base para la ascensión al **Jebel Toubkal,** cumbre máxima de Marruecos, con 4.167 m. Normalmente el recorrido se lleva a cabo en dos jornadas, una desde Imlil hasta el refugio y la otra para dominar la cumbre y regresar hasta Imlil. No ostenta dificultad alguna en verano, si bien el desnivel es bastante pronunciado. En la zona pueden realizarse otros ascensos y excursiones de menor envergadura, a través de paisajes de gran belleza, aunque, lamentablemente, el desarrollo económico alcanzado gracias al turismo ha comportado la sustitución de los hermosos pueblos de piedra por nuevos edificios de hormigón que rompen la armonía del entorno.

❙ CASCADAS DE UZUD ★★★

Con más de 100 m de caída y un considerable caudal, estas gargantas constituyen uno de los fenómenos naturales más espectaculares de todo Marruecos. La carretera llega hasta el borde superior, desde donde hay que descender a pie por un camino en cuesta, pero bien trazado, jalonado de cafetines y restaurantes. Otro camino permite trepar por la vertiente opuesta. Una vez en la parte de abajo, hay pozas donde bañarse y observar los monos de los alrededores. Las autoridades recomiendan que no se les dé comida y se evite acercarse a ellos. Las cataratas son un lugar muy frecuentado por el turismo y por los propios marroquíes que acuden los fines de semana o en agosto.

Las cercanas gargantas del **Oued el Abid** se pueden ver desde la carretera que desciende por la N 8. No son muy profundas pero ofrecen un buen contraste entre la roca de tonos rojizos y la vegetación que las rodea.

La **ruta** de las **mil** casbas

Entre el Gran Atlas y la frontera argelina se abre una amplia meseta con una altura media de casi 1.000 m, atravesada por el macizo del Jebel Saghro. Esta región, que los marroquíes llaman "Sahara", constituiría en verdad un desierto si no fuera porque el agua que desciende de las montañas da lugar a hermosos valles en los que se concentran los cultivos, los pueblos y la vida sedentaria. Estos grandes oasis cuentan con un glorioso pasado y un patrimonio arquitectónico excepcional, compuesto por un millar de fortificaciones de tierra cruda llamadas "casbas". Todo ello se combina con un pintoresco paisaje donde no faltan profundas gargantas como las del Todra, Dadès o Gheris, ni campos de dunas como los de Merzuga y Mhamid.

∎ Casbas y *ksur*

◀ Casba Aït Ben Hadu.

El término "casba" o alcazaba tiene un sentido muy amplio, algo así como "fortificación". En las ciudades se refiere al barrio administrativo y militar, mientras en el mundo rural suele ser un recinto amurallado dentro del cual acampaban los ejércitos o las caravanas en tránsito. Al sur del Atlas, por el contrario, se aplica la palabra "casba" a las viviendas fortificadas hechas de tierra cruda, con cuatro torres en los cuatro ángulos y, a veces, un patio central. Como es lógico, las hay de muchos tamaños y categorías, dependiendo del poder o la riqueza de quienes habitaban en ellas.

Hay quien hace extensivo el término "casba" a los *ksur* (plural de *ksar* o alcázar), que en esta región son auténticos pueblos rodeados por una muralla, también de tierra cruda y jalonada de torreones. Aunque hasta hoy no se ha hecho un inventario detallado de los mismos, entre casba y *ksur* pueden alcanzar fácilmente el millar de fortalezas, de modo que la denominación "ruta de las mil casba" no solo es una frase repetida con frecuencia y que suena bien, sino que además responde a la estricta realidad.

∎ UARZAZAT ★

Ciudad moderna y funcional (71.000 habitantes), sin mucho interés por sí misma, constituye un centro turístico de primer orden gracias a su aeropuerto internacional y a sus numerosos hoteles. En el centro de la misma, merece una visita la **casba de El Glaoui**, en Taourirt, con sus múltiples estancias y su exposición de puertas antiguas. Frente a esta casba se sitúan unos viejos estudios convertidos en **Museo del Cine**, donde se pueden ver los decorados de películas famosas. Otras **casbas** de los alrededores son las **de Tifoultout**, convertida en un restaurante, y **Tamesla**, en ruinas.

- 200 km al sureste de Marrakech
- www.ouarzazate.com
- Casba de Taourirt y Museo del Cine: 8-18 h
- Autobuses a Marrakech, Errachidia, Casablanca
- En Douyria
- Casba de Taourirt, 20 DH. Museo del Cine, 30 DH

∎ AÏT BEN HADU ★★★

Declarado por la Unesco Patrimonio de la Humanidad y en vías de restauración por parte del Ministerio de Cultura, el **ksar** Aït Ben Hadu es uno de los pueblos fortificados de tierra cruda más pintorescos de la región. En su interior alberga media docena de casbas ricamente decoradas, siendo utilizado el conjunto con frecuencia como decorado por la industria del cine. Desde Aït Ben Hadu parte una carretera secundaria que lleva por excelentes paisajes de *ksur* al puerto de Tizi n'Tichka pasando por la destacada casba de Telouet.

- 30 km al noroeste de Ouarzazate
- Taxi colectivo de Ouarzazate a Tabouraht y otro de allí a Aït Ben Haddou
- Restaurante Auberge Le Baraka y Tawesna
- Libre
- casba de Tamdaght, a 10 km, con visita por 10 DH

Travesía del Gran Atlas por el Tizi n'Fedghat

Distancia
272 km

Duración
6 horas

Punto de partida
Ouarzazate

Fin de trayecto
Marrakech

Almuerzo
Toufghine Guest House

Advertencia
Este trayecto puede cortarse por la nieve entre noviembre y marzo

▶ Minarete en la casba Agouim.

❙ La ruta del Tizi n'Fedghat constituye una buena alternativa para regresar de Ouarzazate a Marrakech sin tener que repetir el itinerario del Tizi n'Tichka, si bien es algo más larga y resulta igualmente sinuosa.

El desvío se toma a 15 km de Ouarzazate en dirección a Skoura. Durante la ascensión se van dejando atrás numerosas pistas que conducen a casbas y pueblos pintorescos, como **Ighrem Amellal**, **Timatdit** o **Asseghmo**.

❙ A los 40 km se atraviesa un hermoso cañón donde se levanta **El Houanet**. El puerto de Fedghat aparece 18 km después, y su descenso discurre por hermosos paisajes donde se combinan las montañas ocres, los pueblos de tierra y una creciente vegetación.

A los 153 km de Ouarzazate el camino bordea el puente natural de **Imi n'Ifri**, donde el paso del agua ha dado a la roca calcárea curiosas formas. Unos 6 km más allá se alcanza **Demnate** y la carretera nacional hacia Marrakech.

I TELUET   *

Este pueblo de alta montaña es conocido por su enorme casba, cuna de la familia El Glaoui, que llegó a dominar toda la región durante la primera mitad del siglo xx. La parte más antigua se halla en ruinas, pero se visita otra parte decorada al estilo urbano con profusión de azulejos y yeso esculpido. Zoco los jueves.

A la localidad (14.000 habitantes) se accede desde una carretera de 20 km repleta de curvas, a partir de la ruta del Tizi n'Tichka (▶88). Esta carretera continúa otros 10 km dejando paso más tarde a una pista asfaltada que desciende a Ait Ben Hadu (▶93) constituyendo un modo alternativo y más pintoresco de ir de Marrakech a Uarzazat.

- ✉ 107 km de Ouarzazate por carretera
- 🚌 Autobús diario a Uarzazat
- 🏨 Auberge de Telouet
- 🎫 Casba de El Glaoui, 10 DH
- ➕ En Anemiter, a 10 km, hay varias casbas pintorescas

I SKURA   **

El enclave (4.000 habitantes) constituye un extenso palmeral donde se hallan esparcidas decenas de casbas. Quizás la más hermosa de todas ellas es la **casba de Amerhidil**, accesible por una pista de 500 m desde la carretera o por un sendero que nace junto a la casba Ben Moro y pasa por el morabito de Sidi Aissa. Una parte de Amerhidil está abierta a la visita, con una exposición de objetos de uso tradicional. En Skura también hay diferentes **talleres de alfarería,** como los **de Gueddara.**

- ✉ 40 km al este de Ouarzazate
- 🚌 Autobuses a Errachidia, Uarzazat, Marrakech, Casablanca
- 🏨 Kasbah Aït Abou
- ➕ Sidi Flah, hermoso palmeral a 10 km por pista

I KALAAT M'GUNA (EL-KELÂA M'GO)   *

Conocida por celebrar la *Fiesta de las Rosas,* que tiene lugar el primer fin de semana de mayo, esta población –sin muchos atractivos, aparte de su bullicioso zoco de los miércoles– puede servir de base para visitar los pueblos y las casbas de los alrededores. Entre ellas destaca la **casba de Aït Kassi**, a unos 10 km en dirección a Boumalne, que contiene un pequeño museo de arte beréber en su planta baja, y la **casba de Aït Oumergden,** abierta también a la visita, en Bou Taghrar, a 28 km por una carretera de reciente construcción que surge en el centro de Kalaat M'Guna.

- ✉ 85 km al nordeste de Ouarzazate
- ☎ 0524 837 371
- 🚌 Autobuses a Marrakech, Errachidia, Casablanca
- 🍴 Restaurantes Chez Talout y Kasba Itran
- ➕ Valle de Mgoun o "Valle de las Rosas", de una gran belleza, es ideal para recorrerlo a pie o en mulas

I BUMALNE DEL DADES (BOUMALNE DADÈS) **

Boumalne Dadès es, básicamente, un centro administrativo que contiene un importante zoco los miércoles y alguna **casba** en los alrededores, como la de **Aït Ouzah,** habitada todavía en la actualidad. Lo verdaderamente interesante será recorrer todo el **valle del Dadès,** con sus profundas gargantas, sus cultivos de chopos y almendros (el frío no permite el crecimiento de las palmeras) y sus numerosas **casbas.** Entre estas hay que mencionar la **de Aït Moutad** sobre un promontorio a 6 km de Boumalne y las tres de **Aït Larbi,** a 18 km, en un entorno de formaciones rocosas.

- ✉ 116 km al nordeste de Uarzazat
- 🚌 Autobuses a Marrakech, Errachidia, Casablanca, Uarzazat
- 🍴 Xaluca Dades
- ➕ Imiter, a 25 km, cuenta con siete casbas

Por las gargantas del Todra y del Gheris

Distancia
177 km

Duración
Una jornada sin prisas

Punto de partida
Tinerhir

Fin de trayecto
Goulmima

Almuerzo
Chez Pauline (M),
en Tadighoust

Al salir de Tinerhir por la carretera de las gargantas del Todra –después de 15 km por un paisaje de gran belleza, con vistas panorámicas sobre el palmeral–, se debe continuar por el interior del desfiladero hasta salir a **Tamtatoucht**, un pueblo con nueve casbas rodeado de verdes trigales en medio de las montañas áridas.

Al llegar a **Aït Hani,** en dirección hacia Assoul y Amellaghou, y pasada la primera de estas poblaciones, el camino se introduce en el **cañón de Imiter,** con enormes paredes y aldeas pintorescas.

Una vez en **Amellaghou,** un desvío a la derecha por la carretera de Goulmima discurre por las agrestes gargantas de Amsad y el hermoso valle del Gheris, ofreciendo agradables vistas sobre el terreno.

En **Tadighoust,** a 148 km de Tinerhir, existe la posibilidad de ir a ver los talleres de alfarería de Mo por una pista de 3 km. De allí a Goulmima restarán tan solo 19 km.

▶ Gargantas del Todra.

I TINERHIR ★★

También conocida como Tinghir (42.000 habitantes), esta es la capital del valle del Todra, el palmeral más frondoso del sur marroquí, un milagro de vida en forma de agua que surge de las impresionantes **gargantas del Todra,** un desfiladero con paredes de 300 m de desnivel al que se llega tras 15 km de camino asfaltado.

También hay alguna **casba,** como la **de El Glaoui,** que se yergue sobre una colina, hoy en ruinas. Por el contrario, la **mezquita Ikelane** ha sido restaurada y está abierta al público no musulmán. Unos 18 km al este se encuentra el **centro alfarero de El Hart n'laamine,** con gran actividad artesanal.

✉ 169 km al nordeste de Ouarzazate
🚌 Autobuses a Marrakech, Errachidia, Casablanca, Ouarzazate
🍴 Restaurante Tomboctou
✚ *Ksar* El Khorbat

▲ Ciudad y oasis en Tinerhir.

I TINEJDAD ★★

La villa (45.000 habitantes) se constituye como núcleo urbano que agrupa los diferentes *ksur* del oasis de Ferkla, algunos de ellos de un alto valor histórico y artístico. Cabe destacar **El Khorbat, Asrir, Aït Assem** y **Sat,** entre otros.

El palmeral, de anchos caminos sin apenas desnivel, resulta ideal para los circuitos a pie o en bicicleta todoterreno. Asimismo, a 8 km del centro en dirección a Tinerhir, se encuentran las **fuentes termales de Lalla Mimouna,** de gran belleza y en torno a las cuales se exponen objetos de uso tradicional.

✉ 82 km de Errachidia y 220 km de Uarzazat
🍴 Restaurante El Khorbat

Museo de las fuentes sagradas de Lalla Mimouna
☎ 535 786 798
🕗 De 8-18 h
🎫 50 DH

Museo de Oasis
🌐 www.elkhorbat.com
🕗 De 8-18 h
🎫 20 DH

I GOULMIMA ★

Capital administrativa del valle del Gheris, la ciudad (16.500 habitantes) surge del Gran Atlas y forma un extenso palmeral con múltiples *ksur,* entre los que destacan el **Ksar Igoulmimen,** con sus altas torres y otros igualmente interesantes, como **Aït Yahia,** de grandes dimensiones y aún habitado. A 7 km en dirección a Errachidia, una pista a la izquierda conduce a un yacimiento prehistórico con centenares de túmulos, todavía sin estudiar.

✉ 58 km al oeste de Errachidia
🌐 www.goulmima.com
🍴 Maison d'Hôtes Les Palmiers, Gîte d'Etape Amced y Auberge Amced

TRAVESÍA EN COCHE

El Atlas por el Tizi n'Talghamt y el Tizi n'Zat

Distancia
360 km

Duración
6 horas

Punto de partida
Errachidia

Fin de trayecto
Fez

Almuerzo
Restaurant Cèdre (E)

Advertencia
El Tizi n'Zat puede aparecer cortado debido a la nieve entre noviembre y marzo, y alguna vez permanece cerrado hasta 2 días. En estos casos puede ser una solución alternativa la R-503, que discurre a menor altura. Si no, se puede regresar por la N 15 hasta Guercif

▌ Partiendo desde Errachidia por la N 13, a poca distancia se divisará el **embalse de Hassan Eddakhil**, que entra en un pintoresco palmeral encerrado entre montes áridos, con diferentes *ksur* como Aït Atmane e Ifri.

Más adelante, el camino pasará por las **gargantas del Ziz**, interesantes aunque menos espectaculares que otras de la región.

▌ Tras cruzar el Gran Atlas por el **Tizi n'Talghamt** (1.907 m) se desciende en zigzag hasta **Midelt**, pequeña ciudad con buenos alojamientos y numerosas tiendas de minerales.

Unos 30 km después se hallará **Zeida**, un pueblo con decenas de puestos de comidas. Dejando a la derecha la R 503, que se dirige a Fez por Boulmane, se empieza a subir el Atlas Medio, cubierto de cedros y encinas, que es atravesado por el **Tizi n'Zat** (2.178 m), descendiendo entre pastizales y nuevos bosques en los que habitan manadas de macacos.

▌ Llegando a **Azrou**, un desvío a la derecha por la N 8 ofrece un hermoso paisaje de montaña y las vistas sobre **Ifrane**, una ciudad muy curiosa, compuesta de chalés de aire alpino y muy estimada por la burguesía del país para el veraneo o la práctica de los deportes de invierno.

Poco antes de llegar a Fez, es interesante tomar la R 714 a la derecha para subir a un lindo pueblo blanco y azul llamado **Bhalil** y descender a **Sefrú**. El último tramo del recorrido se realiza por la R 503.

I ERRACHIDIA ✳

Ciudad militar y administrativa de creación moderna (118.000 habitantes), realmente tiene poco que ofrecer al viajero. Sin embargo, puede constituir una etapa en el recorrido por el **valle del Ziz,** una sucesión de palmerales de gran belleza con *ksur* todavía habitados. El *ksar* más próximo a Errachidia es **Targa,** restaurado gracias a la cooperación internacional.

- ☎ 535 570 944
- 🌐 www.zizvalley.com
- 🚌 Estación de autobuses, rue M'Daghra, www.ctm.ma
- ☕ Café Sijilmassa en Risani
- ➕ Palmeral de Meski, a 18 km por la carretera de Erfud

I ERFUD ✳

Nacida como un simple puesto militar en 1917, se trata de una pequeña ciudad administrativa (29.500 habitantes) cuyo principal interés radica en la abundancia de hoteles, utilizados como base para visitar el **Tafilalet** y las **dunas de Merzuga.** Una pista que trepa por la falda del Jebel Erfoud ofrece una buena vista panorámica sobre el valle del Ziz. En octubre, por fin, tiene lugar en Erfud la *Fiesta de los Dátiles.*

- ✉ 80 km al sur de Errachidia
- 🍴 Restaurante des Dunes

Muséum Fossil
- ✉ Route de Rissani, Km 6
- ☎ 535 57 68 74
- 🕐 Desde las 7 de la mañana al atardecer
- 🎟 Gratuito

I RISANI (MULAY ALI CHERIF) ✳✳

Heredera de la mítica Sijilmassa medieval, Rissani (22.200 habitantes) es la capital del Tafilalet y un punto de encuentro para las decenas de *ksur* esparcidos por este oasis. Su zoco tiene un movimiento extraordinario los martes, jueves y domingos, e incluso los demás días es interesante por ser punto de encuentro de forjadores, carpinteros y otros artesanos. El *Ksar* **Abou Am,** en el centro, está muy bien conservado. Un circuito de 30 km por asfalto permite recorrer la parte sur del palmeral visitando de paso antiguos **palacizzos** de los alauitas, como **Oulad Abdelhalim.** Un desvío que sale de la carretera de Merzouga hacia la izquierda lleva a **El Fida,** otro de estos palacios construido en el siglo XIX y transformado ahora en un museo de tradiciones del sur de Marruecos. En la localidad se halla el mausoleo a Mulay Ali Cherif, fundador de la dinastía alauita.

- ✉ 100 km al sur de Errachidia
- 🚌 Autobuses CTM, place al Massira, Hotel Sijilmassa
- 🍴 Kasbah Ennasra

Museo de El Fida
- 🕐 8-19 h
- 🎟 10 DH

▲ Dunas de Merzuga.

• • • • • • • • • •

✉ 195 km al oeste de Risani
🏛 Museo Baha Baha, 10 DH
🏨 Kasbah Ennakhile
➕ Tazzarine, otro palmeral con algunas casbas, a 30 km por la carretera de Risani

• • • • • • • • • •

✉ 164 km al sur de Ouarzazate
💻 www.visitdraatafilalet.com
🚌 Estación de autobuses, Bulevar Mohamed V en el sureste de la localidad. *Supratours*, telf. 5248 47688
🏨 Chez Ali, en el centro. Kasbah Asmaa, en la carretera de Mhamid y La Dune Blanche, Uarzazat
🚆 Uarzazat, a 165 km

• • • • • • • • • •

✉ 18 km al sur de Zagora
🏛 Donativo recomenado de 20 DH
🏨 Jnane Dar Diafa

• • • • • • • • • •

✉ 96 km al sur de Zagora
🏨 Camp Al Koutban, Desert Candles
➕ El Erg El Abaidia, un campo de dunas de 150 m de altura

Ksar Uled Dris
🏛 Museo etnográfico, 20 DH

• • • • • • • • • •

✉ 69 km al sur de Ouarzazate
🚆 Uarzazat, a 70 km
🏨 Kasbah Timidarte

❚ ERG CHEBBI (MERZUGA) (▶23)　　★★★

❚ NKOB　　★★
En un entorno absolutamente árido, Nkob (7.200 habitantes) es un **oasis** de gran belleza con cuatro decenas de **casbas**, dos de las cuales han sido rehabilitadas como alojamientos. En un anexo del complejo Baha Baha hay un pequeño **museo** muy curioso, donde se muestran las tradiciones locales mediante objetos antiguos y reproducciones de escenas de la vida diaria. La región es rica además en **grabados rupestres**.

❚ ZAGORA　　★★
Capital de provincia y centro administrativo del **valle del Draâ,** Zagora (40.000 habitantes) es conocida como "la puerta del desierto", si bien este título correspondería con más propiedad a Mhamid. El interés de la ciudad se limita a su ambientado **zoco** de los domingos y a un **mirador** que hay en lo alto del Jebel Zagora, accesible por pista. Sin embargo, en los alrededores existen numerosos *ksur* de alto valor, como **Tissergat** al norte y **Amezrou** al sur. En este último destaca un gran alminar de tierra cruda y un barrio habitado antiguamente por hebreos.

❚ TAMEGRUTE　　★★
La **zagüía Nasseria,** fundada en el siglo XVII, dio nueva vida a Tamegroute (6.000 habitantes) y sigue siendo su principal punto de interés. Puede visitarse su **patio** rodeado de galerías, admirar la entrada del **mausoleo** de su fundador **Sidi Mohamed Ben Nasser** decorada al estilo urbano y acceder por otro camino distinto a su **biblioteca** de manuscritos, que hoy ocupa un edificio de nueva construcción. Se recomienda recorrer las oscuras callejuelas del *ksar* llegando a los ajetreados talleres de alfareros.

❚ M´HAMID EL GHIZLAN　　★
Punto final de la carretera que recorre el **valle del Draâ,** M´hamid El Ghizlan (7.600 habitantes) era la última etapa por este mismo valle de las caravanas que se dirigían a Tombuctú a través del desierto. Hoy es el lugar ideal para los circuitos en dromedario y con diferentes *ksur* de gran interés. Entre estos destaca **Uled Dris,** en el interior del cual se han abierto dos casas destinadas a la visita turística.

❚ AGDZ　　★★
Si bien Agdz (10.700 habitantes) tiene muy escaso interés como ciudad, en sus alrededores encontramos dos *ksur* de gran importancia histórica y artística.

Arte beréber

Mientras en las ciudades del Norte se han impuesto claramente el arte y la arquitectura de raíces andalusíes, en el mundo rural y sobre todo al sur del Atlas predomina el estilo que se ha dado en llamar "beréber" por ser anterior a la llegada de los árabes a Marruecos.

Este arte se caracteriza por su **austeridad** absoluta y por su **carácter utilitario,** puesto que cada elemento tiene una o varias funciones prácticas, pese a lo cual sus formas constructivas suelen ofrecer una belleza extraordinaria. Siendo sus materiales la tierra cruda, las piedras y los troncos de árbol, se mimetiza o se adapta a su entorno de un modo sorprendente.

La **tierra** se emplea mediante dos sistemas, el tapial y el adobe. El primero sirve para levantar los muros principales, utilizando un encofrado de madera en el interior del cual se apisona este material. El segundo consiste en unos ladrillos de barro y paja secados al sol, con los que se construyen los tabiques, las columnas y la parte más alta de los muros. Dejando huecos entre dichos ladrillos es como se obtienen los únicos dibujos específicamente decorativos del arte "beréber", junto con las características almenas de forma triangular que coronan torres y murallas.

Las **piedras** substituyen a la tierra en zonas muy húmedas o muy frías, sobre todo en la montaña, unidas mediante barro y paja o mediante argamasa de cal. Por su parte, los **troncos** de palmera, chopo, taray u otros árboles sirven de vigas, pudiéndose ejecutar con ellos también los techos, o bien con cañas, todo ello cubierto finalmente de tierra.

Por otra parte, la modernidad y el afán por imitar las costumbres de Occidente o de las ciudades marroquíes ha llevado a la mayor parte de la población a rechazar sus propios cánones artísticos por considerarlos "anticuados", a construir sus casas con hormigón armado y a ornamentarlas con nuevos recursos, conservando solo la forma triangular escalonada de las almenas como recuerdo de la tradición. De este modo, el arte "beréber" está siendo relegado a los establecimientos turísticos.

El más cercano es **Aslim,** a 2 km por una carretera local. Allí, dentro del recinto del Camping Kasbah, se levanta la **casba del Caid Ali,** abierta a la visita.

El otro *ksar* que merece la pena es **Tamnougalt,** a 6 km por la carretera de Zagora y un desvío asfaltado. Antigua capital de la tribu Mezguida, Tamnougalt ha sido objeto de un programa de rehabilitación y cuenta con diferentes casbas en su interior.

Tamnougalt
✚ Cascadas de Tizgui
y oasis d'Aïness

I TASLA ✳

El interés del *ksar* Tasla se centra en una antigua vivienda señorial del siglo XVIII que está siendo restaurada, dándole la función de museo. Contiene algunos objetos de gran valor, destacando especialmente los de origen judío, pero también merece la pena la visita por el propio edificio, con parte de sus techos sostenidos por fantásticas columnas de madera pintada. Está indicada como "Kasbah Aït Kbot, Musée".

✉ 35 km al oeste de Agdz
☎ 671 728 489
⏱ 9-16 h
🍴 Es posible comer en casa del propietario del museo
💲 La voluntad

GASTRONOMÍA

La cocina marroquí se caracteriza por el uso tópico de tres hierbas (perejil, cilantro y apio) y seis especias (comino, pimienta negra, pimienta roja, jengibre, canela y azafrán, este último sustituido con frecuencia por un colorante sintético, debido a su elevado coste), a las que se suman la sal, el azúcar y el ajo. Combinando estos productos en las cantidades adecuadas se obtiene una gran variedad de sabores, lo que no solo exige un óptimo conocimiento de las recetas, sino también una especial intuición por parte de los cocineros, y más concretamente de las cocineras, ya que es muy extraño encontrar hombres que dominen el arte culinario.

▌ Comprar comida

En las principales ciudades marroquíes han proliferado las grandes superficies, básicamente de la cadena Marjane, Acima, Carrefour y Aswak Assalam, entre otros. Sin embargo, la mayor parte del comercio sigue pasando por las pequeñas tiendas de ultramarinos instaladas en todos los barrios y casi todas las calles del país. El viajero puede adquirir en ellas sus vituallas, con el único inconveniente de que muchos tenderos no hablan otra lengua que el árabe o el beréber y además cuentan en reales antiguos, lo que hace un tanto difícil entenderse a la hora de pagar. Evidentemente, para un extranjero es más fácil comprar en un supermercado, la mayor parte de los cuales venden además bebidas alcohólicas, pero estos se hallan solo en los grandes centros turísticos.

En ciudades turísticas se hacen cursos rápidos de cocina en los mercados. Los suelen organizar los riads. En Marrakech se abrió en 2019 el **Museo de Artes Culinarias Marroquíes**, riad Zitoun el Jedid, telf. 5244 27177.

▌ Una cocina rica en especias

Muchos viajeros vuelven de Marruecos con la impresión de que su cocina se reduce a un solo plato, el **tayín**. Se trata de un guiso preparado tradicionalmente en una cazuela de barro con tapa cónica –actualmente en una olla exprés–, si bien se sigue utilizando el recipiente de cerámica que le ha dado nombre para presentarlo a la mesa. Y es que el **tayín**, en realidad, solo es el sistema de cocción, y engloba medio centenar de recetas distintas, cada una con sus propias materias primas –carne de vacuno, de cordero, pollo, conejo, pescado y las más variadas legumbres– y con sus propios condimentos que le dan su sabor específico.

Existen, aparte de este, otros sistemas de cocción, como las brasas de carbón donde se preparan los pinchos, el horno, la **tangía** y el **cascás**, un conjunto de olla y cacerola con agujeritos en el fondo pensado especialmente para preparar el cuscús, pero que sirve igualmente para hacer la carne al vapor.

En cuanto a la **tangía**, es una jarra de cerámica que se cierra herméticamente con barro y se deja cocer toda la noche sobre las cenizas de un horno de pan, aunque actualmente se sustituye por la olla exprés, igual que el **tayín**, pero respetando su particular condimento.

El plato fuerte en Marruecos no forzosamente tiene que ser salado. Al contrario, con frecuencia se combinan el salado, el dulce, el agrio y el picante, algo que da lugar a sabores originales muy agradables al paladar.

El máximo refinamiento se alcanza en los hogares de las ciudades más tradicionales, como Fez, Mequínez, Tánger o Rabat. Y si el viajero no tiene la posibilidad de acceder a una casa particular, por lo menos debería probar los pequeños restaurantes de carácter familiar, que no son forzosamente los más caros.

▌ Los banquetes

Existe una gran diferencia entre lo que es un banquete para invitados y la comida hogareña de todos los días. Esta última consiste por lo general en un solo plato fuerte. En cambio, un **banquete de ce-**

▲ Aguamanil para lavarse las manos.

◀ Tayín de cordero y dátiles.

lebración consta de sucesivos platos fuertes, como por ejemplo la *bastela* (pasta rellena de pichón, cebolla y almendras), el pollo asado con almendras, el cuscús y finalmente el *tayín* de ternera con ciruelas, siendo este siempre el último, por considerarse el mejor y más prestigioso.

▌ Agua mineral

Marruecos dispone de numerosos **manantiales de agua mineral**, embotellada bajo diferentes marcas. Las más conocidas son la *Sidi Harazem* de Fez y la *Sidi Alí* de los montes de Oulmès. Pero hay otras muchas, como la *Imouzzer* de la región de Agadir, la *Ain Sais* de Fez y la nueva *Chaouen* que solo se halla en el norte. Por desgracia, en los restaurantes económicos a menudo solo tienen marcas como *Ciel* o *Bahia,* que es agua corriente purificada. En cuanto al agua con gas, solo está la *Oulmès*.

▌ Costumbres en la mesa

En los hogares marroquíes, la costumbre es comer todos de **un solo plato** puesto en el centro de la mesa, si bien cada uno debe hacerlo de su lado sin molestar a los demás. Por lo general se comen con la mano derecha.

El cuscús mucha gente lo toma actualmente con cuchara, si bien las personas mayores todavía conservan la costumbre de amasar con él una bola para llevárselo a la boca. También para la sopa se utilizan hoy cucharas, mientras que antiguamente se bebía directamente del tazón en el que se sirve.

En los restaurantes de tipo medio todo el mundo utiliza cubiertos. No así en los cafetines populares ni en los puestos de carretera, donde a veces resulta difícil conseguirlos. Por otra parte, algunos restaurantes de alto nivel llamados "tables d'hôtes", sobre todo en la medina de Marrakech, mantienen la **ceremonia** tradicional **de la jofaina** para que el cliente coma con las manos del plato central.

▌ Bebidas alcohólicas

Tratándose de un país confesional islámico, en Marruecos las bebidas alcohólicas están teóricamente restringidas a los extranjeros no musulmanes, aunque en la práctica no faltan los marroquíes que las consumen. Tanto las tiendas como los bares y restaurantes necesitan una licencia específica para poder vender o servirlas. En los restaurantes que no poseen dicha licencia no suelen poner impedimento al cliente que desea traer su propia botella de vino, aunque lo correcto es pedir siempre su consentimiento.

Marruecos cuenta con excelentes vinos de producción propia, muchos de ellos con denominaciones francesas como el *Cabernet*, producidos en las regiones de Casablanca, Berkane y Mequínez. También tienen cerveza propia, mientras que los licores, por lo general, son de importación y carísimos.

El Anti-Atlas y el gran sur

El nombre genérico de Anti-Atlas corresponde a la región suroccidental de Marruecos, lo que sus habitantes conocen como "el Sous" por ser este su río más destacado. Además de la cordillera denominada propiamente Anti-Atlas, la región incluye depresiones agrícolas y una costa maravillosa en la que se combinan extensas playas de arena fina con curiosos acantilados. Más al sur, la llanura desértica se prolonga interminable en el Sahara. El principal atractivo turístico de esta zona es la bahía de Agadir, a la que acuden miles de alemanes y escandinavos en busca de calor y descanso. No obstante, no faltan en ella lugares de interés cultural, como los grabados rupestres o los graneros comunitarios, ni tampoco paisajes pintorescos.

▌Agadir

Estación balnearia de construcción moderna, muy apreciada por alemanes y nórdicos, Agadir carece de monumentos importantes que visitar, pero en cambio cuenta con una excelente infraestructura hotelera y permite hacer algunas excursiones por los alrededores.

Agadir n'Ighir, "el Granero de la Colina", contaba con un puerto que fue ocupado por los portugueses en 1505. En 1541 los saadíes consiguieron expulsarlos de allí tras levantar una gran casba sobre esta misma colina. A su alrededor nació una población cada vez más próspera gracias al tráfico mercantil, pero en 1960 fue arrasada, casi por entero, por un terremoto. La ciudad actual (980.000 hab.) es de construcción posterior.

LO QUE HAY QUE VER EN AGADIR

▌LA CASBA ✳
Epicentro del terremoto de 1960, la casba fue completamente destruida y solo se distinguían sus murallas. Ahora restaurada, es un buen lugar para obtener una vista panorámica sobre la ciudad y la playa.

▌MUSEO DEL PATRIMONIO AMAZIGH ✳
Este museo ocupa un edificio moderno y presenta objetos de uso tradicional relacionados con los diferentes aspectos de la cultura beréber.

▌MEDINA DE AGADIR ✳
Se trata de una construcción reciente diseñada por el arquitecto italiano Coco Polizzi dentro del estilo tradicional marroquí. En ella hay numerosos talleres en los que se puede apreciar el trabajo de los artesanos.

◄ Tren turístico por el puerto de Agadir.

¿Sabías que...?
En Agadir hay un museo dedicado a los cocodrilos llamado **Crocoparc**, ideal para visitar con niños.
✉ RN 8
☎ 212 5 28 29 79 31
🌐 www.crocoparc.com
🕐 Todos los días 10-17 h
En verano hasta las 18 h

• • • • • • • • •
✉ En lo alto de una colina, al norte de la ciudad
🍴 Chiringuitos de pescado a la entrada del puerto
💳 Libre

◄ La medina de Agadir.

✉ Pasaje Aït Sous
Museo
🕐 9.30-12.30 h y 14-17.30 h, excepto domingos y festivos
💳 10 DH

• • • • • • • • •
✉ BP 230 Bensergao
☎ 666 33 88 59
🕐 9-18 h en invierno y hasta las 19 h en verano
💳 40 DH

⋮⋮⋮⋮⋮⋮⋮

✉ Acceso desde el bulevar Hassan II o el bulevar 20 Août
🕐 11-18 h
🍴 Restaurante La Jetée
💲 Gratis

⋮⋮⋮⋮⋮⋮⋮

✉ 85 km al este de Agadir
🚌 Estación de autobuses, Bab Zorgane CTM; Telf. 528 853 858
🍴 Restaurante Chez Nada

⋮⋮⋮⋮⋮⋮⋮

✉ 186 km al este de Agadir y 239 km al sur de Marrakech

Dar Azzafaran
🕐 Abierto de 8 a 19 h
☎ 528 534 413

Taller
✉ BP 166
☎ 601 35 31 51
🌐 https://molidaz.blogspot.com
🕐 Todos los días de 8-19 h

⋮⋮⋮⋮⋮⋮⋮

✉ 55 km al sur de Agadir, siguiendo las indicaciones de Sidi Rbat
☎ 0571 053 129
🚕 Taxis colectivos de Agadir a Sidi Ouassai. A partir de allí, taxi privados

▼ Montañas y palmeras datileras en Souss-Massa.

❙ VALLÉE DE OISEAUX (VALLE DE LOS PÁJAROS) ✳
Con este nombre se conoce a un pequeño jardín zoológico situado en el centro de Agadir muy bien cuidado y en el que hay diferentes aves y algunas otras especies.

LO QUE HAY QUE VER EN LOS ALREDEDORES DE AGADIR

❙ TARUDANT ✳
Ciudad importante desde la Edad Media, en la actualidad (92.000 habitantes) se halla muy modernizada, pero conserva un considerable ambiente en sus zocos y su muralla que, reconstruida por última vez en el siglo XVII, ofrece una magnífica imagen.

❙ TALIUINE ✳
Desde antaño, la ciudad (6.000 habitantes) se ha constituido como centro comercial y administrativo de una región conocida por el cultivo del azafrán. En la cooperativa donde se vende este producto hay un pequeño **museo** de costumbres locales, y amplias explicaciones acerca de dicho cultivo.

Se puede ver la **casba de El Glaoui,** aunque está casi en ruinas. Al norte de esta población se levanta el **macizo volcánico del Jebel Siroua,** ideal para la práctica del senderismo. En Ighil n'Ogho, a unos 8 km por la carretera de Askaoun, hay una gran casba y una sinagoga restaurada recientemente.

❙ PARQUE NACIONAL DE SOUSS-MASSA ✳✳
Situado en la desembocadura del río Massa, este parque nacional ofrece un elevado interés ornitológico, ya que alberga algunas especies extinguidas en el resto del mundo. La zona más interesante para la visita la constituyen los últimos 3 km antes de llegar a la costa, que solo pueden recorrerse a pie por un amplio sendero. A la entrada del parque, algunos guías ofrecen sus servicios y van equipados con prismáticos para observar aves.

EXCURSIÓN EN COCHE

Travesía del Gran Atlas por el Tizi n'Test

▮ El recorrido parte de **Tarudant** por la carretera N 10 hacia Ouarzazate. A los 46 km pasa por Oulad Berhil, donde hay un palacio convertido en hotel.

Unos 9 km después se gira a la izquierda, por la R-203, una carretera algo estrecha y llena de curvas. La vegetación se compone de arganes, pinos, arbustos y robles mientras comienza el ascenso por el Tizi n'Test, de 2.093 m. Más tarde desciende por el valle del Nfis.

▼ Mezquita de Tin Mal.

Distancia
230 km

Duración
Una jornada incluyendo las visitas

Punto de partida
Taroudant

Fin de trayecto
Marrakech

A tener en cuenta
Este itinerario se puede cortar por la nieve entre noviembre y marzo

▮ A la izquierda se divisan pueblos de piedra, mientras que la vegetación va cambiando con robles, pinos, cedros, tuyas, álamos, melocotoneros y manzanos, pero el argán ha desaparecido.

A los 123 km de Taroudant, es aconsejable desviarse a la izquierda para ver la **mezquita de Tin Mal (Tinmel)**, construida por los almohades en 1153 y restaurada en 1994. El terremoto de 2023 afectó seriamente su estructura.

▮ Después está la **casba de Agadir n'Gouf** y las **gargantas del Nfis**, antes de alcanzar **Ouirgane**, situado en un valle muy verde con un pantano. En las cercanías hay una reserva de musmones.

Después se atraviesa Asni, de donde sale la carretera de **Imlil**, donde surge el desvío que sube a la **zagüía de Moulay Brahim**, uno de los lugares de peregrinación más estimados. Se pasa por las gargantas de Moulay Brahim y por **Tahnaoute**.

▮ La misma carretera conducirá a **Marrakech**, punto final del trayecto.

• • • • • • • •

- 📧 256 km al sureste de Agadir
- 🚌 Autobuses a Tiznit, Agadir, Marrakech, Ouarzazate y Rabat. Estación ubicada en el sur de la localidad Satas, telf. 672311 843
- 🍴 Restaurantes Les Relais des Sables y Dar Infiane
- ➕ Oasis de Taguemout, a 43 km por una nueva carretera con hermosos paisajes

• • • • • • • •

- 📧 203 km al sur de Agadir
- 🚌 Autobuses a Agadir, Casablanca, Uarzazat, Dakhla. Estación, Place Bir Anarzarane donde operan CTM, Supratours y Satas
- ✈️ Aeropuerto, www.royalairmaroc.com
- 🍴 Restaurante del Hôtel Salam

▶ Casas en la ciudad de Tata.

❙ TATA ★★

Del magnífico palmeral de Tata sobresalen diferentes aldeas construidas al borde del barranco, como **Agadir el Henna**, o sobre pequeñas colinas, como **Infiane**, cuya arquitectura de piedra resulta muy atractiva. El centro urbano (19.000 habitantes), muy modesto, carece de interés, excepto por su zoco de los domingos. A unos 5 km en dirección a Taguemout se pueden ver asimismo unas curiosas cuevas con estalactitas y en diferentes puntos de la región abundan los grabados rupestres.

❙ GOULIMINE (EGLEIMÍN) ★★

La población (117.000 habitantes) es famosa por su zoco de dromedarios cada sábado, aunque actualmente hay en él más vendedores de artesanía que animales. En torno a esta población, por el contrario, se pueden realizar una serie de excursiones muy interesantes. El frondoso **oasis de Tighmert** (en algunos mapas aparece como Aït Bekkou) se halla unos 15 km al este y en su interior se puede visitar una vivienda tradicional de tierra cruda llamada **Kasbah Caravan Serail**, llena de objetos de uso diario de la región.

La **Playa Blanca** es accesible por una nueva carretera de 65 km y se caracteriza por las dunas que acompañan la desembocadura del río Assaka. Existen

numerosos grabados rupestres yendo en dirección a Tata, y también en **Amtoudi**, donde se conservan dos magníficos graneros comunitarios. Por fin, en Ifrane de l'Antiatlas ha sido restaurada una vieja sinagoga, abierta a la visita.

I SIDI IFNI ★★

Esta pequeña y apacible ciudad (20.000 habitantes) que fue territorio español hasta 1969, conserva edificios art decó de la colonia española, así como un bello morabito bajo el viejo fuerte español. En las cercanías hay varias **playas** estupendas. La **de Leghzira**, a 10 km en dirección a Tiznit, se caracteriza por los puentes de roca que forma el acantilado. La **de Sidi Mohamed Ou Abdellah,** 18 km más allá, junto a Mirleft, es una hermosa bahía en la desembocadura del río Salogmat, antigua frontera entre los protectorados español y francés. Cerca está el interesante enclave de **Cabo Jubi** (antes español) o **Tarfaya**.

169 km al sur de Agadir

Autobuses a Tiznit e Inezgane. Estación, Av. Hassan Ilopra, CTM: telf. 528 780 050

Restaurante Hotel Bellevue, Hotel Nomad

I TIZNIT ★

Rodeada por una muralla de finales del siglo XIX en buen estado de conservación, Tiznit es una ciudad atractiva (75.000 habitantes), pero sin demasiadas cosas que visitar, aparte de sus dos alcaicerías dedicadas a las joyas de plata: la antigua, pequeña y tradicional,

95 km al sur de Agadir

Autobuses a Agadir, Casablanca, Ouarzazate, Dakhla. Estación, carretera a Tafraute operan entre otras Supratours y CTM, place Al Méchouar

Restaurante La Ville Nouvelle

¿Sabías que...?

El antiguo Sahara Español de facto es territorio marroquí que incorpora dos regiones en lo que se denomina Gran Sur: Laâyoune-Sakia El Hamra y Dakhla-Oued Eddahab. La autonomía del Sahara dentro de Marruecos fue reconocida por el gobierno de los EEUU y de España.

es frecuentada sobre todo por los extranjeros, mientras a la nueva acuden básicamente los marroquíes. En las cercanías de Tiznit, la **playa de Sidi Moussa Aglou** resulta muy agradable con cuevas abiertas en el acantilado. Desde allí, una hermosa carretera sigue la costa hacia el sur, hasta salir cerca de Mirleft.

▌ EL AAIÚN (LAÂYOUNE)   ✱

Fundada por los españoles, esta se ha convertido en una ciudad moderna (225.000 habitantes) que se ha desarrollado mucho durante los últimos años, como la catedral de San Francisco de Asís. Desde El Aaiún se puede ir a las localidades de Smara y Bujador (Boujdour). La estructura colonial urbana se aprecia en algunos edificios heredados de los españoles. La **playa de Foum El Oued,** con dunas, se halla a 25 km.

▌ DAJLA   ✱✱

La antigua **Villa Cisneros** del Sahara Español hoy es una zona ideal para la pesca y una etapa casi imprescindible en el viaje hacia Mauritania. Dakhla (110.000 habitantes) tiene un hermoso golfo y cordón de arena siendo un lugar ideal para la práctica del windsurf y kitesurf. En la actualidad se está desarrollando y modernizando como centro turístico. Desde Dajla se puede ir a la región de Aousserd así como al extremo sur en la península que comparte con Mauritania La Agüera (La Gouira).

▌ TEFRAUTE   ✱✱✱

Aunque la población es pequeña (5.000 habitantes) y ofrece escaso interés, la región a la que pertenece ofrece amplias posibilidades al viajero. El paisaje se caracteriza por las escarpadas peñas de granito rosa, con palmeras, almendros y arganes en primer plano.

📧 642 km al sur de Agadir
🚉 Estación, al final del Bulevar Mekka operan CTM, Supratours y SATAS
✈ Aeropuerto Hasan I, telf. 522 889 3791, opera Binter Canarias, conexión con las islas.
🍴 Restaurante La Perla

📧 1.131 km al sur de Agadir
🚉 Estación, Bulevar 4 Mars (CTM telf. 528 898 166)
✈ Aeropuerto de Dakhla, telf. 528 930 630. Royal Marroc conecta con Las Palmas de Gran Canaria
🍴 Restaurante Casa Luis y Casa Lola

📧 151 km al sureste de Agadir
◎ Casa Tradicional de Oumesnat, de 9 h hasta la puesta de sol
🚌 Autobuses a Agadir, Casablanca. Estación, Rue Al Jeish al Malaki opera CTM, telf. 528 801 789
🍴 Restaurante La Kasbah

Maison Berbère Traditionelle
☎ Telf. 673 829 054
◷ De 8-18 h
🎟 15 DH

▶ Las famosas rocas pintadas, al sur de Aguerd Oudad, cerca de Tafraoute.

TRAVESÍA EN COCHE

Travesía del Anti-Atlas

Distancia
224 km

Duración
una jornada con múltiples paradas y algunas visitas

Punto de partida
Taliouine

Fin de trayecto
Tata

Almuerzo
Al no contar con auténticos restaurantes en el camino, lo mejor es llevar un picnic

❙ El recorrido parte de Taliouine por la N 10 hacia Agadir, toma un desvío a la izquierda a los 12 km para continuar por la R 106 hasta **Igherm,** pasando por diferentes pueblos de piedra muy atractivos y divisando algunas casbas de tierra.

En Igherm es interesante visitar el barrio antiguo y su granero comunitario.

❙ El resto del trayecto se realiza por la R 109. A los 3 km, en **Aït Melal,** se recomienda la visita de otro granero muy espectacular.

A partir de allí los pueblos pintorescos como **Iguiouz** y **Tizgui Ida Ou Baloul** se combinan con impresionantes paredes de roca, peñas y desfiladeros cada vez más espectaculares, hasta alcanzar el palmeral de Tata y la N 12, que se toma a la izquierda para entrar en esta población.

En **Oumesnat,** a 8 km, es posible visitar una vivienda tradicional con objetos antiguos, que sirven para explicar la función de esta estancia. Otro pueblo interesante es **Aguerd Oudad,** al pie de una enorme roca. Más al sur se hallan las **Rocas Pintadas,** obra de Jean Vérame.

El **valle de Ameln** es también muy pintoresco, al pie de la impresionante cresta del Jebel Kest. Pero el más hermoso de todos, sin duda, es el **valle de Aït Mansour,** encajonado en el fondo de un desfiladero y abarrotado de palmeras en torno a un apacible riachuelo.

En los alrededores está Tizourgane, entre Tafraoute y Agadir. Se trata de un pueblo fortificado de piedra sobre una colina, recientemente restaurado.

Dónde...

Restaurantes

Agadir

La Lámpara (E)
Cocina española pero con platos de lo más variados desde cocina marroquí a italiana, tanto de carnes cómo pescados.
- ✉ Boulevard du 20 août
- ☎ 528 82 08 91

Le Nil Bleu (M)
Es un local muy agradable para saborear una deliciosa cocina francesa: carnes, pescados o mariscos acompañados con vino.
- ✉ En la playa
- ☎ 528 841 617

Asila

Restaurant Sevilla (E)
Se trata de un local muy sencillo donde preparan un excelente pescado fresco, algo de marisco y también carnes.
- ✉ Av. 18, Imam Assili
- ☎ 539 418 505
- ⏱ Almuerzos y cenas

El Océano, Casa Pepe (M)
Fundado en 1913, este restaurante especializado en pescados y mariscos de buena calidad consta de dos comedores y algunas mesas en la calle.
- ✉ Plaza Zallaka
- ☎ 539 417 395
- ⏱ Almuerzos y cenas

La Perla
Uno de los mejores restaurantes de la localidad que mezcla cocina de estilo francés con influencias asiáticas y españolas. Buena relación calidad y precio. Menú a partir de 160 DH.
- ✉ Rue Allal Ben Abdallah
- ☎ 539 41 87 58

Casablanca

La Taverne du Dauphin (M)
En este establecimiento se come un excelente pescado y marisco, acompañado con vino sin se quiere.
- ✉ 115 avenida Félix Hophouët Boigny
- ☎ 522 221 200
- ⏱ Almuerzos y cenas

Café Maure Sqala (M)
Este café ocupa un monumento histórico restaurado, un sitio con mucho carácter.
- ✉ Avenida des Almohades, en muralla de la medina
- ☎ 522 260 960
- ⏱ Almuerzos y cenas
- 🖥 www.restopro.ma

Nkoa (M)
Cocina fusión con una gran variedad de carnes, pescados y sabrosos zumos.
- ✉ Rue Abou El Kacem Chabi
- ☎ 663 572 406

La Bodega (M)
Con ambiente netamente folclórico español sirven desde tapas españolas hasta mexicanas.
Vecino otro recomendado **La Bavaroise** excelente brasería.
No muy alejado otro aconsejable restaurante español **Casa José** (www.grupcasajose.com).
- ✉ 129, rue Allal ben Abdellah
- ☎ 522 54 18 42

Al Mounia (C)
Este restaurante de estilo típicamente árabe ofrece una deliciosa cocina marroquí, muy recomendable.
- ✉ 95 calle Prince Moulay Abdellah
- ☎ 522 222 669
- ⏱ Almuerzos y cenas

Chauen

Cafés de la plaza Outa el Hamam (E)
Los numerosos cafetines de la plaza más animada de Chauen siguen siendo igual de originales con sus mesas en la calle, pero ahora ya no se dirigen al público local como hace unos años, sino al turismo, y preparan comidas sencillas a precios bastante ajustados.
- ✉ Plaza Outa el Hamam
- ◷ Almuerzos y cenas

Chez Hicham (M)
Situado frente a la animada plaza Outa Hammam en un edificio antiguo con tres comedores y con vistas a las murallas de la alcazaba. Ambiente agradable donde sirven comida local.
- ✉ Plaza Outa Hammam
- ☎ 539 882 125

Casa Aladin (M)
Este restaurante es un local de estilo orientalista, un tanto recargado en su decoración. Nuevo comedor abierto y la carta de menú muy variada y mejorada.
- ✉ 17 calle Targui
- ☎ 539 989 071/ 665 406 464
- ◷ Almuerzos y cenas
- ☖ www.aladinchefchaouen.com

Mandala (E)
Pequeño lugar acogedor y con buen servicio especializado en pastas y pizzas.
- ✉ Av. Hassan II
- ☎ 539 882 808

Dakhla

Le Samarkand (E)
Platos sencillos y correctos.
- ✉ Avenue Mohamed V, ad Dakhala
- ◷ Todo el día

Casa Lola
Buen servicio y cocina peninsular de productos de la tierra alta calidad especialmente los mariscos.

- ✉ Avenue al Ouala, 420
- ☎ 528 930 692

Casa Luis (M)
Buen restaurante de cocina española y vino.
- ✉ Boulevard Mohammed V
- ☎ 661 197 375
- ◷ Almuerzos y cenas

El Aaiún

Pizzeria La Madone
Además de sus atrevidas pizzas de masa fina también sirven deliciosos tayines.
- ✉ Av. Chaid Bouchrya
- ☎ 528 993 252

El Jadida / Ualidia

Restaurant du Port (E)
Este restaurante de ambiente familiar está situado en el interior de la ciudadela portuguesa y propone una buena y variada cocina internacional.
- ✉ Port d'El Jadida
- ☎ 523 342 569
- ◷ Almuerzos y cenas

Issa Blanca (Chez Nadia) (M)
Situado en la primera línea del mar es una referencia para probar platos de mariscos, ostras y platos de la gastronomía francesa y la marroquí donde la calidad y el buen precio está asegurado. Tiene una agradable terraza y un comedor amplio con una barra. Personal muy amable y atento, como su jefa Nadia.
- ✉ Oualidia grande plage
- ☎ 670 751 861

Erfud

Restaurant des Dunes (E-M)
Es un establecimiento conocido desde hace años, aunque se ha trasladado al otro lado de la calle y ha subido de categoría.
- ✉ Avenida Moulay Ismail
- ☎ 535 576 793

Esauira

Puestos de pescado a la parrilla (E)
En cualquiera de estos puestos se come muy bien si se sabe elegir el pescado; además sale barato si se negocia bien el precio. Ambiente fantástico.
- ✉ A la entrada del puerto
- ◷ Almuerzos

Chez Driss (E)
Se trata de la pastelería más antigua de la ciudad, incluye un agradable patio interior donde tomar algo y el sabor de sus originales pastelitos resulta inolvidable.
- ✉ 10 calle Haj Ali
- ☎ 524 475 793
- ◷ Todo el día

Zerda Mogador (E)
Zerda mogador tiene un comedor muy acogedor ubicado en pleno centro de la medina, en un callejón algo escondido. Sirven un menú muy rico y a un precio económico. Familiar.
- ✉ Calle Baba Ahmed Soudani, en la medina
- ☎ 524 785 642

Restaurant du Port (M)
La decoración del comedor combina los objetos marinos

con los pósteres de estrellas de cine. Se come bien carnes, pescados y mariscos, acompañado todo con vino.

✉ En el interior del puerto
☎ 523 34 25 79
🕐 Almuerzos y cenas

Café bar Taros (M)

Se trata de un local bastante curioso donde uno puede tomar una copa o incluso comer algunos platos sencillos contemplando el mar desde una de sus terrazas, o visitando alguna de sus exposiciones temporales de arte.

✉ Plaza Moulay Hassan
☎ 524 476 407

Fez

Nejjarine (M)

Es un palacete fundado en 1710 con tres salas alojadas en dos plantas y una dis-

creta terraza. Buen precio y servicio.
Tienen también un bello y espectacular espacio **Ryad Nejjarine** en Derb Serraj (telf. 679 429 389).

✉ Calle Dermani 9. Junto a Plaza Nejjarine
☎ 661 259 052
🕐 Solo almuerzo

Zagora (C)

Este restaurante discreto y recogido de la ciudad nueva. Muy reputado, sirve cocina marroquí e internacional. Bebidas alcohólicas.

✉ 5 bulevar Mohamed V
☎ 649 093 373
🌐 www.restaurantzagora.com

Café Clok

Difícil de localizar, es un espacio jovial donde se mezclan jóvenes extranjeros y fesís en un espacio. Innovadores platos.

✉ Derb el Magana, Talaa Kebira
☎ 535637855
🌐 www.cafeclock.com

Ifrane

Restaurante Diafa Awlad Alhaj (E)

Sirve cocina de mercado y un buen lugar donde comer truchas del Atlas, además de otros platos de la cocina marroquí.

✉ Marche Municipale, 1
☎ 053 567 766
🕐 Almuerzos y cenas

Marrakech

Puestos de la plaza Jemaa el Fna (M)

Se instalan cada noche en la plaza. Proponen una gran variedad de pequeños platos hechos para degustar más que para llenar el estómago.

✉ Plaza Jemaa el Fna
🕐 Cenas

Jardins dar Mimoun (E)
Es un auténtico riad rodeado de naranjos, muy relajante, alrededor del cual se abren varios salones. Uno viene aquí para disfrutar del sitio. Platos vegetarianos.
✉ Derb ben amrane
📞 661 751 355
🕐 Todo el día

Bagatelle (M)
Histórico restaurante en la Ville Nouvelle y se nota en su decoración. Excelentes platos de carne elaborados e imaginativos.
✉ 103, rue de Yougoslavie
📞 524 43 02 74
🌐 www.bagatelle-marrakech.com

Dar Moha
Dirigido por un chef de renombre que elabora unos platos dónde se fusionan perfectamente aromas y sabores elaborados con productos frescos. Música en vivo en su jardín.
✉ Rue Dar el Bacha
📞 524 386 400

Al Fassia (C)
Este restaurante de la ciudad nueva está considerado por los marroquíes como uno de los mejores lugares de la ciudad en cuanto a cocina marroquí se refiere.
✉ 55 bulevar Zerktoun
📞 524 434 060
🕐 Almuerzos y cenas

La Sultana de Marrakech (C)
Espectacular riad que esconde en sus terrazas uno de los mejores restaurantes de Marrakech con su suculentos platos de la gastronomía marroquí o internacional. Música andalusí en vivo.
✉ Calle la Kasbah 403
📞 524 388 008
🌐 www.lasultanahotels.com

Té con menta
La bebida nacional marroquí es el té verde, importado de China. Se compra en paquetes –y no en sobrecitos como en Europa– y se deja hervir un rato dentro de una tetera para después añadirle gran cantidad de azúcar y un poco de menta. Esta última se puede sustituir o combinar con otras hierbas aromáticas, como absenta o flores de azahar. En el sur suelen prepararlo mucho más fuerte que en el norte del país, es decir con más té y menos azúcar. En muchas cafeterías también acostumbran a servirlo con la menta aparte, dentro del vaso en lugar de ponerla en la tetera como se hace en los hogares.
En lugares turísticos, como la plaza Jemaa el Fna de Marrakech, han adoptado asimismo la mala costumbre de servir agua con menta como si fuese té.

Mequínez

Palais des Glaces (E)
Se trata de una cafetería elegante frecuentada por jóvenes marroquíes de ambos sexos. Tienen sabrosos dulces.
✉ Plaza Istiqlal, ciudad nueva
📞 535 520 934
🕐 Todo el día

Ô Quartier (E)
Tiene fama de preparar el mejor café de Mequínez, además uno puede comer algunos platos sencillos muy bien preparados.
✉ Bloque E, resid. Warda
📞 5355 21291

Riad Meknès (M)
Mansión del siglo XVII totalmente restaurada con muy buen gusto, que propone una cocina marroquí verdaderamente exquisita.
✉ 79 Ksar Chaacha
📞 535 530 542
🕐 Almuerzos y cenas

Palais Terrab (M)
Es un acogedor y agradable restaurante que tiene especialidades marroquíes e internacionales.
✉ 18 avenida Zerktouni
📞 535 526 100
🕐 Cenas

Café restaurant Cornette Palace (M)
Popular y moderno restaurante del centro de Mequínez, dispone de varios espacios y tipos de cocina incluyendo pastelería y pizzería. El servicio es un poco lento y los precios algo elevados.
✉ 20, Plaza Abdelkrim Al-Khatib
📞 635 467 219

Rabat

Italia (E)
Es un local sencillo donde se come muy correctamente, carnes, pescados y pasta. Sirven bebidas alcohólicas.
✉ Plaza des Alaouites
📞 537 261 717

Restaurant les Voyageurs (E)
Simpático restaurante terraza dónde probar sencillos platos marroquíes.
- ✉ N I junto a la entrada principal de la Medina.

Tajine Wa Tangia (M)
Es un comedor discreto y decorado con buen gusto. Su cocina es variada y goza de una inmejorable reputación.
- ✉ 9 calle de Baghdad
- ☎ 537 729 797

De la Plage (C)
Consta de un comedor clásico y una terraza situada sobre el mar. Allí se degusta una suculenta cocina francesa acompañada con vino.
- ✉ En la playa de Rabat
- ☎ 5377 23148

Safi

Puestos de pescado (E)
Una veintena de chiringuitos populares ofrecen pescado frito o a la parrilla.
- ✉ Carretera de Oualidia
- ⏲ Todo el día

Tánger

Cafés del Zoco Chico (E)
Alrededor del Zoco Chico hay varias terrazas de cafés con mucha tradición, como el Central y el Tingis, donde los hombres juegan al dominó y comentan los últimos rumores. El Fuentes, por su parte, está en un primer piso con un balcón que da a la plazuela.
- ✉ En la medina
- ⏲ Abierto todo el día

Café de París (E)
Localizado en el punto más céntrico de la ciudad, ha visto desfilar a numerosos personajes de todos los ámbitos y mantiene un aire de otra época. Se ha convertido en un imprescindible para conocer el ambiente de un clásico café.
- ✉ Plaza de France
- ☎ 663 703 65
- ⏲ Abierto todo el día

Saveur du Poisson (M)
Este local que tiene un aspecto popular e informal y ofrece una cocina extremadamente cuidada a base de pescados.
- ✉ 2 Escalier Waller, calle de la Liberté
- ☎ 539 336 326
- ⏲ Cerrado viernes

El Tangerino (M)
Excelente lugar con aires marineros donde probar tapas y pescado a la parrilla. Tiene también una buena bodega.
- ✉ Avenue Mohamed VI, 1896
- ☎ 539 94 39 73

Restaurante Rif Kebdani (M)
Restaurante de ambiente familiar ubicado cerca del puerto. Sirve la mejor comida típica marroquí de Tánger con especialidad en cous cous.
- ✉ Rue Dar Baroud
- ☎ 711 768 082

La Terrassa Grill (M)
Restaurante moderno que ofrece una carta internacional muy variada y con especialidad en barbacoas. Servicio fino y con música en vivo que da un toque romántico. También proponen menús que no son nada caros para lo que ofrecen.
- ✉ Avda. Beethoven. 90000
- ☎ 539 340 024
- ⏲ Almuerzo y cenas

Uarzazat

Dimitri (M)
Es el restaurante más antiguo de Ouarzazate fundado en 1928 y decorado con pósters de estrellas del cine. Propone platos marroquíes y italianos, así como bebidas alcohólicas.
- ✉ Avenida Mohamed V
- ☎ 524 887 346
- ⏲ Almuerzos y cenas

▮ Alojamientos

Agadir

Hotel Tiznine (E)
Posee habitaciones climatizadas y extremadamente limpias, parte de ellas con baño, a precios muy ajustados.
✉ 3 calle Drarga, Talborjt
☎ 528 843 925

Hotel Petite Suède (E)
Ofrece habitaciones aceptables, con baño, balcón y televisión, a 300 m de la playa. Hacen 10 % de descuento para los portadores de esta guía.
✉ Avenida Hassan II
☎ 528 840 779
🌐 www.petitesuede.com

Hotel Ryad Mogador Almadina (C)
Es un gran complejo de cinco estrellas con habitaciones lujosas repartidas en torno a un hermoso jardín con piscina.
✉ Bulevar 20 Août
☎ 530 530 530
🌐 www.mogadorhotels.com

Ait Ben Hadu

Albergue La Baraka (E)
Albergue que cada año mejora en todos los aspectos con sus 23 habitaciones. Tiene una terraza que da directamente a la famosa casba. Posee dos comedores a modo jaima donde sirven comida casera local con un trato muy amable.
✉ En la carretera
☎ 524 890 305

Hotel La Kasbah (E)
Es, en efecto, un complejo muy amplio con habitaciones de diferentes categorías –todas decoradas con acierto–, así como un gran restaurante, jardín y una pis-

cina con vistas. También se abrió un hotel de la cadena Barceló.
✉ Junto a la carretera
☎ 524 890 302

Asila

Hotel Azayla (E)
Las habitaciones tienen baño, aire acondicionado, teléfono y televisor. Hay también una suite con terraza privada.
✉ 20 avenida Ibn Rochd
☎ 539 416 717
🌐 www.hotelazayla.com

Hotel Dar Manara (M)
Es una casa preciosa situada dentro de la medina, con decoración cuidada.
✉ 23 calle M'jimma
☎ 677 398 267
🌐 www.asilah-darmanara.com

Dar Al Khaima (M)
Gran hotel renovado con habitaciones de estilo internacional distribuidas en torno a una piscina rodeada de césped, así como restaurante, bar y discoteca.
✉ Av. Mulay Ismail
☎ 539 417 428

Precios

E: Económico
(menos de 400 DH)
M: Moderado
(de 400 DH a 800 DH)
C: Caro
(más de 800 DH)

Azrú

Xaluca Spa Sidi Ali (C)
Uno de los mejores establecimientos hoteleros de Marruecos y por supuesto del Atlas. Se halla en un paraje paradisiaco junto al lago más profundo de Marruecos. Instalaciones y servicios de primera.
✉ Lac Aguelmame, a unos 50 min. de Azrú

Casablanca

Hotel Plaza (E)
Se trata de un edificio colonial bien restaurado con bastante encanto. Está a un paso de la medina y cerca del puerto. Solo algunas habitaciones disponen de baño privado.
✉ 18 avenida Félix Houphouët Boigny
☎ 522 269 019

Hotel Guynemer (M)

Este hotel goza de una excelente situación en una calle tranquila en pleno centro. Sus habitaciones, muy confortables, están bien mantenidas. Se come de maravilla, con vino.
- ✉ 2 calle Mohamed Belloul Zona centro
- ☎ 522 277 619
- 🌐 www.guynemerhotel.net

Hotel Transatlantique (C)

Abierto en 1922, el hotel conserva su carácter original y es confortable. Se sitúa en pleno centro. Bar y restaurante.
- ✉ 79 calle Chaouia
- ☎ 522 295 204

Barceló (C)

Bien ubicado, es de los hoteles más confortables de la ciudad siguiendo el buen gusto y calidad de la cadena española.
- ✉ Bd. d'Anfa , 44
- ☎ 522 208 000
- 🌐 www.barcelo.com

Chauen

Riad Hicham (M)

Una casa antigua restaurada y convertida en un hermoso riad, cómodo y de fácil acceso. Tiene 12 habitaciones 6 suites y 6 habitaciones dobles de diferentes decoraciones diseñadas con mucho gusto.
- ✉ Plaza Outa Hammam
- ☎ 539 882 125
- 🌐 www.riadhicham.com

Hotel Parador (M)

A dos pasos de la medina y cerca del centro artesanal, presenta 49 habitaciones y 6 suites recientemente renovadas aunque sencillas. Terraza panorámica con piscina al aire libre. En su salón de entrada hay un restaurante internacional, con personal muy amable. Sirven alcohol en el bar.
- ✉ Place El Makhazine, C.P. 3
- ☎ 539 986 324
- 🌐 www.hotel-parador.com

Maison d'Hôtes Dar Dalia (M)

Situada en la medina y cerca del río, es una casa agradable.
- ✉ Plaza Sebanin
- ☎ 0666 075 799
- 🌐 www.dardalia-chefchaouen.com

Casa Hassan (C)

Repartido entre dos casas antiguas, es un establecimiento con mucho carácter, pensado y decorado con un gusto exquisito, utilizando productos artesanales. Las habitaciones tienen un cuarto de baño magnífico y aire acondicionado o chimenea.
- ✉ 22 calle Targui, en la medina
- ☎ 539 986 153
- 🌐 www.casahassan.com

LINA RIAD & SPA (C)

Se trata de un exclusivo riad con mucho encanto, fiel a la tradición morisca. Tiene cuidados espacios como el comedor o la piscina interior. Su restaurante se caracteriza por servir sabrosos platos locales. Tiene una terraza panorámica con vistas a la medina.
- ✉ 1 avda. Hassan, calle Andalous
- ☎ 645069903
- 🌐 www.linariad.com

Dajla

Hotel Sahara Regency (M)

Este hotel es un establecimiento con una decoración moderna y funcional, con habitaciones cómodas, piscina, dos restaurantes, y otros extras acorde a la categoría.
- ✉ Avenida El Walaa
- ☎ 528 931 555
- 🌐 www.sahararegency.com

El Aiún

Hotel Sahara Line (M)

Las habitaciones son amplias y cómodas, de estilo clásico. Cuenta con un restaurante. Muy correcto, con buena relación calidad precio.
- ✉ Boulevard 24 November
- ☎ 528 995 454

El Jadida

Hotel Royal (E)

Este hotel está decorado al estilo andalusí tradicional, con abundancia de azulejos, y sus habitaciones, con baño, son muy correctas. Dispone de bar y jardín.
- ✉ Av. el Jaich el Malaki
- ☎ 523 342 839

Hotel Ibis Moussafir (M)

Las habitaciones, acogedoras, cuentan con baño, aire acondicionado, teléfono y televisor. Hay piscina, bar y restaurante.
- ✉ Plaza Nour el Kamar
- ☎ 523 379 503
- 🌐 www.ibishotel.com

Erfud

Kasbah Hotel Xaluca Arfoud (M)

Enorme complejo de habitaciones con mucho estilo, absolutamente confortables. Además, la piscina es grande, en el restaurante se come bien y los precios no son, en absoluto, abusivos. Muy aconsejable.
- ✉ Ctra. de Errachidia, km 5
- ☎ 535 578 450
- 🌐 www.xaluca.com

Erg Chebbi

Hotel l'Oasis (E)

Es un pequeño establecimiento de aire familiar, muy modesto, pero agradable. Parte de las habitaciones disponen baño.
- ✉ Centro de Hassi Labiad, a 800 m de las dunas
- ☎ 535 577 321
- 🌐 www.auberge-oasis.net

El desayuno marroquí

La mayor parte de los hoteles, o bien sirven un desayuno de tipo occidental o bien una especie de crepes o tortas hechas con harina, huevo y aceite, llamadas *argaief* o *meluí*. Estas tortas tienen una larga tradición en el país, pero en los hogares más bien se toman como merienda. El verdadero desayuno casero marroquí es el aceite de oliva, que se trae a la mesa en un cuenco donde los comensales mojan pedazos de pan, acompañándolos con té. Otro desayuno común en las zonas rurales es la sopa de nabos o de otro tipo e incluso en las ciudades hay quien desayuna con *bísara*, un puré de habas extremadamente nutritivo, sazonado con aceite de oliva.

Hotel Kanz Erremal (M)

Las habitaciones resultan acogedoras y confortables, en el restaurante se come muy bien y la piscina, a pie de dunas, es una auténtica delicia. Todo ello por unos precios más que razonables.
- ✉ 1 km al sur de Hassi Labiad
- ☎ 535 578 482
- 🖥 www.kanzerremal.com

Auberge La Belle Etoile (M)

Espacio agradable con puntos de reunión y jaimas cercanas para pasar la noche bajo las estrellas y dar un paseo en dromedario. Cercano y más equipado se halla el Kasbah Hotel Tombouctou. Con la calidad e información que ofrece el equipo Xaluca.
- ✉ Hassi Labbiad junto las dunas
- ☎ 661 437 098
- 🖥 www.xaluca.com

Esauira

Hotel Souiri (E)

3 plantas con 33 habitaciones. Dentro de su sencillez, este hotel tiene bastante carácter y está muy bien cuidado, en el corazón de la medina. Gran sala de estar marroquí decorada con candelabros.
- ✉ Rue Al Atarine
- ☎ 524 475 339
- 🖥 www.hotelsouiri.com

Palais des Remparts (M)

Este riad renovado ha guardado la arquitectura tradicional de la ciudad y está dotado de 14 habitaciones y 5 suites distribuidos. Tiene los lujos de un riad como su hammam tradicional, spa, restaurante. La terraza tiene excelentes vistas.
- ✉ 18 calle Ibn Rochd
- ☎ 524 475 110
- 🖥 www.riad-palais-essaouira.com

Hotel Riad Al Madina (C)

Se trata de una mansión del siglo XVIII con habitaciones pequeñitas en torno a un gran patio muy agradable. Tiene funciones de restaurante. También hay suites más amplias a precios más elevados.
- ✉ 9 calle Attarine
- ☎ 524 475 907

Hotel Villa Maroc (C)

Uno de los hoteles con más encanto de todo Marruecos, por lo que no suele ser fácil encontrar habitación disponible. Ocupa dos viviendas del siglo XVII restauradas y decoradas con gusto exquisito.
- ✉ 10 Abdellah ben Yassine
- ☎ 524 476 147
- 🖥 www.villa-maroc.com

Fez

Hotel Jnane Sbile (E)

Abierto en 2008, este hotel ofrece habitaciones impecables con baño y televisor, junto a los jardines de Jnane Sabil y a un paso de la puerta de Bou Jeloud.
- ✉ 22 Kasbat Chems, Bou Jeloud
- ☎ 0535 638 635
- 🖥 www.hoteljnanesbile.com

Algilà Fes Riad Medina Charme Hotel (M)

En la Medina, es una sorpresa de palacete cuco con sus dos patios y decoración con muy buen gusto.
- ✉ 1,2,3-17, Akibat Sbaa
- ☎ 535 638 028

Hotel Barceló Fés Medina (C)

Perfectamente ubicado en el centro, en su zona más animada y cerca del palacio real, está muy bien gestionado siendo uno de los mejores de la ciudad. Buen restaurante.
- ✉ Avenida Hassan II, 53
- ☎ 535 948 800

Disfrutar de un antiguo palacio

En muchas ciudades marroquíes –e incluso fuera de ellas– los antiguos palacios de visires, pachás y otras personalidades han sido transformados en hoteles de alto nivel, hecho que permite al viajero disfrutar al  máximo de su alojamiento en un lugar histórico y bello, al tiempo que lo utiliza como base para visitar monumentos o maravillas naturales de los alrededores.

En algunos casos se trata de hoteles de mucho lujo, a precios realmente selectivos, pero no siempre es así: en los apartados Tetuán y Taroudant, por ejemplo, se dan direcciones de gran interés en la categoría media.

Hotel Palais Jamaï (C)

Construido sobre un palacio del siglo XIX del que aprovecha una parte como restaurante. Las habitaciones son nuevas, pero mantienen el estilo tradicional de Fez. Muchas disfrutan de vista sobre la medina.

- ✉ Bab Guissa
- ☎ 535 635 096
- 🖥 www.sofitel.com

Marrakech

Chez Ali (E)

Renovado, es ideal para presupuestos ajustados, incluso también su animado café-restaurante.

- ✉ Calle Moulay Ismail
- ☎ 524 444 979

Hotel Gallia (M)

Se trata de dos viviendas tradicionales rehabilitadas con muy buen gusto. Las habitaciones, absolutamente confortables, se reparten alrededor de unos patios la mar de relajantes.

- ✉ 30 calle de la Recette
- ☎ 524 445 913

Riad Hotel Assia (M)

Las habitaciones son muy agradables, aunque no especialmente amplias, y el conjunto tiene mucho carácter, con un patio de obra vista en medio.

- ✉ 32 calle de la Recette
- ☎ 808 521 455
- 🖥 www.hotel-assia-marrakech.com

Riad Karmela (M-C)

Se trata de un pequeño complejo de 3 riads en el corazón más escondido de la medina. Una auténtica sorpresa de lujo y buen gusto perfectamente gestionado. Ambiente *freendly* y refinado. Equipo experimentado y políglota (español también).

- ✉ Derb El Ferrane
- ☎ 524387937
- 🖥 www.riadkarmela.com

Hotel Tichka (C)

Es el único establecimiento de la ciudad nueva que tiene realmente mucho encanto, tanto en la recepción como en las habitaciones, con una mezcla de elementos marroquíes y orientales en su arquitectura. Cuenta entre sus instalaciones con dos bares, un hammam, una piscina preciosa y varios restaurantes.

- ✉ Boulevard Abdelkrim Al Khattabi
- ☎ 524 448 710

La Mamounia Palace (C)

Considerado el hotel más lujoso de África, fue construido en 1925 sobre las ruinas de un antiguo palacio, del cual mantuvo el fantástico jardín. En 1988 fue renovado en un estilo ostentoso que le hizo perder algo de propiedad. Con todo, sigue siendo un lugar de ensueño.

- ✉ Avenida Bab Jdid
- ☎ 524 388 600
- 🖥 www.mamounia.com

Mequínez

Hotel Akouas (E)

Se trata de un establecimiento de estilo internacional situado en la ciudad nueva. Sus habitaciones son impecables. Piscina, restaurante, bar y una animada discoteca.

- ✉ 27 calle Emir Abdelkader
- ☎ 535 515 967

Riad Meknés (M)

Es uno de los pocos riads de Mequínez situado dentro del recinto de murallas de la medina. Auténticas y variadas habitaciones, amplias y cómodas decoradas con antigüedades. Tiene espacios ajardinados y una piscina.

- ✉ 79, Kaser, Chaacha-Dar Lakbira
- ☎ 535 530 542

Palais Didi (C)

Se trata de un verdadero palacio rehabilitado. Dispone de 8 habitaciones acogedoras.

- ✉ 7 Dar el Kebira, en la villa imperial
- ☎ 535 558 590
- 🖥 www.palaisdidi.com

Rabat

Hotel Splendid (E)

Es un hotel del periodo colonial, recientemente renovado. Las habitaciones se reparten alrededor de un agradable jardín, aunque solo algunas cuentan con baño completo.

✉ 24, calle Ghazzah
☎ 537 723 283

ONOMO Hotel Rabat Médina
Moderna cadena hotelera también instalada en Casablanca ofrece excelente servicio e instalaciones en el centro de Rabat, muy cerca de la estación de tren y los principales atractivos de la ciudad para el turismo y los extreanjeros.
✉ Rue Ghandi, 2
☎ 537 703 074
📞 www.onomohotels.com

Riad al Bahi
Es considerado como el secreto mejor guardado a nivel de riad en Rabat. Fino y lujoso (riad de charme) hará vivir al viajero un excelente viaje sensorial. Se cuida hasta el mínimo detalle en un patio monumental excepcional dónde se sirven cenas. Muy bien gestionado es una excelente opción *friendly*.
✉ Vieja Medina, Sabat Bidawi cerca mezquita al Aaden
☎ 537 728 378
📞 www.riadalbahi.com

Hotel La Tour Hassan (C)
Es un establecimiento abierto en 1914 y que mantiene tanto su carácter como su buen nivel de prestaciones desde entonces. Las habitaciones son magníficas, con un jardín andalusí en medio y una pequeña piscina.
✉ 26, calle Chellah
☎ 537 239 000

Safi

Hotel Abda (E)
Las habitaciones son confortables y tienen cierto carácter marroquí. Además, cuenta con cafetería y dos restaurantes.
✉ Avenida Kénnedy
☎ 524 610 202

Salé

En la Marina de Salé se han abierto modernos hoteles frente a Rabat como el Riad La Porte du Bouregreb, Riad dar Jobador o el Hotel Fairmont Marina.

Hotel Le Dawliz (C)
Este magnífico establecimiento se sitúa en la orilla del río Bou Regreg, con una vista inmejorable sobre Rabat. Dispone de una piscina, sala de conferencias, bar y varios restaurantes.
✉ Avenida du Bouregreg
☎ 537 883 277
📞 www.hoteldawlizrabat.ma

Sidi Ifni

Hotel Safa (M)
Establecimiento de reciente construcción, funcional y con animado bar restaurante en la parte baja.
✉ Boulevard de Caire
☎ 528 780 929

Tánger

Hotel Ibn Batouta (E)
Es un establecimiento pequeño cerca de la playa y del centro con habitaciones limpias y acogedoras. Dispone de dos terrazas.
✉ 8 calle Magellan
☎ 539 964 970
📞 www.ibn-batouta.com

Hotel Continental (M)
A 5 minutos del puerto, con vistas panorámicas a la bahía. Es el hotel más antiguo de Marruecos, abierto en 1860. Tiene mucho carácter, sobre todo en sus salones, de estilo árabe tradicional, y en su terraza, con vistas al puerto. Las habitaciones se han quedado algo obsoletas. El trato es amable. Fue escenario de la exitosa serie *El tiempo entre costuras* de María Dueñas.
✉ 36 calle Dar Baroud
☎ 0539 931 024

Maison d'Hôtes La Tangerina (C)
Es un establecimiento con mucho encanto, una antigua mansión restaurada y amueblada con gusto exquisito. Uno se siente de verdad en el corazón de la vieja Tánger. Habitaciones de diferentes niveles y precios, así como una terraza panorámica.
✉ 19 calle Riad Soultan Kasbah
☎ 539 947 731
📞 www.latangerina.com

Hotel El Minzah (C)
Es un palacete construido en 1930 y transformado luego en hotel de cinco es-

Alojarse en una casba de tierra

Algunas casbas de tierra del sur de Marruecos han sido rehabilitadas como hoteles, lo que permite al viajero sentirse de verdad en la "Ruta de las mil casbas" y apreciar en directo este tipo de hábitat tradicional utilizado durante siglos.

Estos alojamientos no son más costosos que un hotel normal de la misma categoría. En los apartados Agdz, Nkob, Skoura, Tinerhir y Tinejdad se encontrarán algunas direcciones interesantes.

No deben confundirse estas verdaderas casbas con los centenares de establecimientos que se autodenominan "kasbah", pero que en realidad son edificios modernos de hormigón, lo que adultera la palabra y hace que pierda su sentido original. De seguir así, dentro de unos años el término casba ya no significará "fortificación" sino sencillamente "hotel".

trellas, con todo género de lujos de tipo orientalista, para que uno se sienta como en las páginas de *Las mil y una noches*.

✉ 85 calle de la Libertè
☎ 539 333 444

Tetuán

Riad Dalia (M)
Se trata de una casa antigua con habitaciones de varias categorías repartidas en torno a un patio donde se halla el restaurante. El sitio tiene mucho encanto.

✉ pl. Oussa, 25
☎ 539 964 318

Hotel Panorama Vista (C)
Es un hotel moderno que disfruta de buenas vistas sobre la montaña con habitaciones absolutamente correctas.

✉ Avenida Moulay Abbès
☎ 539 964 970
🌐 www.hotel-panorama-vista-tetuan.vivehotels.com

Maison d'hôtes El Reducto (C)
Mansión del siglo XVIII restaurada por el visir Haddad durante el protectorado y transformada en hotel hace poco. Posee 4 habitaciones palaciegas con mucho carácter y un estupendo cuarto de baño.

✉ 38 calle Zawya, Mechouar Essaid
☎ 539 968 120
🌐 www.elreducto.com

Ualidia

La Sultana (C)
Exclusiva instalación a los pies de la laguna, donde destaca la arquitectura y sus cinco jacuzzi de agua marina alrededor de la piscina principal. Trato exquisito de sus profesionales.

✉ Parc à huîtres 3
☎ 523 366 595
🌐 www.lasultanahotels.com/oualidia

Uarzazat

Hotel Les Jardins de Ouarzazate (E)
Es un edificio moderno en forma de casba, con habitaciones amplias pero sin lujos. Piscina, jardín y un buen restaurante.

✉ N9 n 13, Tarmigt
☎ 524 854 200
🌐 www.hotel-les-jardins-de-ouarzazate.com

Le Petit Riad (M)
En este barrio moderno y gris uno no espera encontrarse un lugar tan acogedor y tradicional, decorado con exquisitez, ni saborear una cocina hecha de productos naturales como la suya.

✉ Av. Moulay Abdellah, 1581
☎ 668 084 320
🌐 www.lepetitriad.com

Dar Daïf (C)
En esta casa uno siente la mítica hospitalidad beréber. Todo está pensado para que el cliente se sienta a gusto, desde las habitaciones de aspecto tradicional hasta la piscina, sin olvidar la deliciosa y opípara cena.

✉ Douar Talmesla Tarmigt
☎ 661 576 405
🌐 www.dardaif.ma

Maison d'hôtes Dar Kamar (C)
Consiste en una antigua vivienda del ksar Taourirt, remodelada y decorada en una mezcla de estilos africanos y asiáticos. Desde la azotea se obtiene una vista perfecta sobre la casba de El Glaoui.

✉ Ksar Taourirt
☎ 524 888 733
🌐 www.darkamar.com

Ir de compras

Es difícil poder elegir lugares de compras en Marruecos con sus zocos que son una sorpresa continua. Especialmente los de Fez, uno de los más auténticos, Rabat, Marrakech o el Habbous de Casablanca estos cada vez más teatralizados y modernizados. Se han recuperado los Funduqs o caravansares donde trabajan los artesanos y hay tiendas donde comprar sus artículos. Es el caso de Marrakech en la zona de moda de Dar Bacha, en Rabat en Fondouk Benaicha y en la encantadora tienda Natural Four U Boutique, tedlf. 661 872 608.

Azrou

Complejo artesanal
Fabrican alfombras de diferentes tipos y en la madera de cedro tallada.
✉ Carretera de Khenifra

Casablanca

Ropa y chaquetas de cuero
✉ En la medina, entrada del portal Bab Merrakech

Al Makane
Excelente proyecto e iniciativa de sostenibilidad y justicia social dónde se venden productos y artesanías de Marruecos con participación de sus artesanos. El espacio es muy agradable y se puede comer en su patio y estancias.
✉ pl. de Belgique
☎ 522 229 675
🖥 www.marocimpact.org

Chauen

Centro Artesanal
Ofrecen productos de la artesanía local: cerámica, cuero, madera, hierro forja-

do o las famosas alfombras de Chauen.
✉ Placa Al Makhazine, cerca del hotel parador

Rincon de Said
Junto a la plaza Uta el Hammam y Cooperativa de Ben Ayad, junto a la puerta de Bar el Ain.

El Kelaa Mgouna

Agua de rosas
Existen numerosas tiendas en el centro y en la carretera.

Erfud

Mármol con fósiles
Para realizar objetos que se venden en los talleres y tiendas de toda la ciudad.

Esauira

Objetos de madera de tuya
Marquetería específica de Essaouira. Pinturas y souvenirs muy variados en la Skala de la Medina.

✉ En la Skala de la medina

Cooperativa Vitargan
Aquí se vende auténtico aceite de argán y productos de cosmética, aceites y esencias naturales a base de este preciado aceite.
✉ Carretera de Marrakech

Fez

Artesanía
La ruta de los artesanos se inicia en la plaza de Boujloud, ascendiendo por la calle Talaa Tabita y bajando por Tala Seguera. En la avenida Hassan II se ubica el **Ensamble Artesanal** donde los precios son fijos y junto a la plaza de Florencia está el centro comercial Qisariya, muy popular entre los lugareños.
Los innumerables artesanos de Fez trabajan el bronce, el latón, la madera y la cerámica entre otros materiales. Cada uno se encuentra en su propio zoco.
✉ En la medina

Marrakech

Artesanía

La especialidad local es el cuero, aunque se encuentran muchos otros productos como cerámica, tejidos, cuero, alfombras y pieles. Las zonas destacadas para comprar son el zoco Semmarine junto a la plaza Jemaa el Fna, la plaza de Rahba Kedima, el Mercado Central de la avenida Mohammed V al norte de Jemaa el Fna y cercano a dicha avenida también se localiza el Ensamble Artesanal (junto a la mezquita Koutoubia) donde los precios son fijos.

Libros

ACR
✉ 55 bulevar Zerktouni, Gueliz
Fnaque Berbère
✉ Calle Mohcine, en la medina
Marra-Boo
Es a la vez librería, cafetería y restaurante.
✉ 3 Derb Kabada, cerca de la plaza Jemaa Fna.
✉ avenida Prince Moulay Rachid, cerca de la plaza Jemaa Fna.

Mequínez

Artesanía

Hay infinidad de tiendas. Tienen de todo, pero la especialidad son los bordados y las figuras de metal.

Libros

Top Notch. Una buena librería con libros en inglés.
✉ 8 calle Emir Abdelkader
Dar Al Kitab Al Watani,
✉ Avenida Allal Ben Abdellah

Rabat

En la calle de los Consules junto a la medina de Rabat hay varios comercios y tiendas de artesanía en las que poder encontrar buenas ofertas.

Alfombras

Se pueden adquirir en el mercado de los jueves, y en las tiendas permanentes distribuidas a lo largo de la medina. Se venden a precios ajustados.
✉ Calle des Consuls

Antigüedades

Tiendas en la carretera entre el río y la medina.

Libros

Librairie Al Maarif
✉ En la medina, cerca de Bab Chellah
Librairie Kalila Wa Dimna
✉ 44 avenida Mohamed V
Livre Service
✉ 0-46 avenida Allal Ben Abdellah

Safi

Cerámica

Es el producto local por excelencia. Aunque los talleres se sitúan frente a Bab Chaaba, por lo general ya no se produce allí, como era costumbre, sino en las fábricas de la zona industrial.
✉ En la medina y en la Colina de los Alfareros

Salé

Cerámica y otros productos artesanales

Junto a los tradicionales talleres de los alfareros se ha construido el nuevo Village des Artisans, donde se vende artesanía.
✉ En la carretera de Meknès, junto al río Bouregreg

Rissani

Artesanía

Son puestos que ofrecen sus productos como supuestas antigüedades a los viajeros a precios exagerados.
✉ En el zoco

Skura

Cerámica

En Gueddara, junto a la carretera.

Tafraout

Aceite de argán

Aunque se puede adquirir en todo el país, es originario de aquí.

Taliuine

Azafrán

Cooperativa Souktana.

Tánger

Artesanía

La mayoría de los bazares están junto al zoco chico. Cerca de la plaza de Fran-

El regateo

El regateo en las transacciones comerciales es una costumbre muy arraigada en Marruecos entre la población local, pero que alcanza su grado máximo en el sector turístico, dado que el extranjero desconoce el valor ni siquiera aproximado de los productos y se le puede pedir un precio mucho más elevado que a un marroquí.

En contra de lo que se dice con frecuencia, en el regateo no hay normas. El primer precio que sugiere un mercader no tiene por qué ser el doble ni el triple ni cuatro veces el que espera obtener, sino que está en función del aspecto del cliente, de su nacionalidad, de la profesión que declara ejercer, de la prisa que tiene y también de si es temporada alta o baja, de los principios morales del vendedor, de si la población donde se halla es más o menos turística, etc.

En cuanto hace una contraoferta, el cliente ha entrado en el juego y acabará comprando casi con toda seguridad. Lo normal es que el comerciante se declare ofendido por dicha contraoferta y asegure que a él mismo el objeto le ha costado mucho más, pero esto solo es teatro y, si el comprador se mantiene firme, con bastante probabilidad acabará llevándose el producto por muy poco más del precio que ha ofrecido y que para él representa su valor.

cia y avenida Bélgica, en la Mesalla está el centro artesanal.

✉ En la medina

Perfumes naturales
En Madini. Tiene sucursales en la ciudad nueva.

✉ 14 calle Sebou,
la medina

Libros
Les Colonnes
✉ 54 bulevar Pasteur
Page et Plume
✉ 3 calle El Hariri

Tamegroute

Cerámica
Está en la cooperativa de alfareros que hay situada junto a la carretera.

Tarudant

Artesanía
La especialidad de Tarudant es una piedra con la que fabrican figuras y máscaras.

✉ En el zoco

Tata

Productos locales
Desde cerámica de la región hasta mermelada de dátiles.

✉ Avenida des FAR

Tinejdad

Pañuelos bordados y alfombras
Asociación El Khorbat de Desarrollo, en el *ksar* El Khorbat.

Antigüedades
Objetos de la región en la Galería d'Art Chez Zaid.

Tinerhir

Cerámica
Se produce en El Hart n'Iaamine, a 18 km de la localidad de Tinerhir, y se comercializa en el zoco de los lunes o en algunas tiendas del centro.

Tiznit

Joyas
De oro y plata en la nueva alcaicería.

Antigüedades
En la vieja alcaicería: objetos dirigidos a los viajeros.

Llevar a los niños

Aunque Marruecos cuenta con pocos lugares pensados específicamente para los niños, en realidad estos lo pasarán muy bien, ya que la gran mayoría de hoteles disponen de piscina infantil y, en algunos casos, columpios. No faltarán tampoco los espacios abiertos por donde correr y jugar.

Al Hoceima

Existe una decena de calas alrededor de la ciudad, todas ellas adecuadas para los niños, ya que el mar en esta zona es muy tranquilo.

Asilah

Playas
Habrá que vigilar a los niños con atención en las playas de mar abierto, pues corren el peligro de ser arrastrados por las corrientes. Hay una más pequeña, en el interior del puerto y conocida como El Khofra, adecuada para ellos.

Parque infantil
Con columpios, bien cuidado. El único inconveniente es que abre solo fines de semana y suele estar lleno.
✉ Plaza Mohamed V

Larache

Juegos infantiles
En un parque infantil detrás de la gasolinera Afriquia.
✉ A 3 km del centro

Oujda

Jardines de Lalla Meryam
Un espacio para que los niños jueguen. Incluyen un estanque con patos.
✉ Junto a la casba

Tánger

Jardines
Los jardines más agradables se sitúan en el lado norte del Zoco Grande.
✉ Plaza 9 Avril de 1947

M´nar Park
Parque acuático.
✉ Al sur del Cabo Malabata
🖥 www.mnarpark.ma

Azrou

Bosque
Donde habitan manadas de macacos, que siempre resultan muy atractivos a los niños. Hay que tener cuidado con ellos, pues los más jóvenes pueden ser agresivos.
✉ A 7 km de Azrou, en la carretera de Errachidia

Beni Mellal

Parque
El parque público que hay junto a las fuentes de Ain Asserdoun es un lugar muy agradable para niños y mayores.

Casablanca

Aïn Diab Morrocco Mall
Cine IMAX y Acuario gigante. Animada playa cercana donde montar a caballo. En la Corniche hay también piscinas y lugares de juego y paseo.

Ciudad de juegos Sindibad
En la cornisa de Ain Diab (conexión *tramway* desde placa Mohmed V).

Cataratas de Ouzoud

Al pie de las cataratas, el río tiene buenas pozas donde pueden bañarse los niños, siempre vigilados por adultos

Esauira

Siendo toda ella zona peatonal, la medina es buen lugar para que jueguen los niños, en especial la plaza Moulay Hassan, donde pueden correr.

Fez

Jardines Jnan Sebil
A un paso de la medina, actualmente se encuentra en restauración.

Ifrane

Toda la ciudad de Ifrane cuenta con jardines donde los niños podrán correr. En invierno, también pueden jugar con la nieve.

Marrakech

Plaza Jemaa el Fna
A los niños les encanta el bullicio de esta plaza: los músicos, los encantadores de serpientes… Solo hay que vigilarlos para evitar que se puedan extraviar.

Jardines El Harti
En el centro. Forman un espacio donde podrán pasar una agradable jornada.

Calesas
Una de las actividades más divertidas para los niños consiste en dar una vuelta en calesa por la ciudad.

Oasiria
Macroparque acuático con inmensas zonas verdes y muchas atracciones.
✉ Km 4, route d'Amizmiz, Chri a
☎ 524 38 04 38
🖥 www.oasiria.com

Anima Garden
Curioso parque de esculturas en las estribaciones del Alto Atlas. Cerca en el pueblo de Seti Fatma los niños pueden comer en puestos al filo del río.
🄰 Douar Sbiti, Valle de Urika
🄾 0524 482 022
🄼 www.animagarden.com
🄴 60 DH

Mequínez

Parque de Haboul
Con un pequeño zoológico, entre la medina y el río.
🄰 Junto a Bab Tizimi

Mohammedia

Parque Jnane Fedala
Un lugar adecuado para la diversión de los pequeños.

Oualidia

Playa
La playa que da a la laguna es ideal para niños.

Rabat

Jardines Nouzhat Hassan
Agradable espacio verde. Lo mismo cabe decir del jardín que hay dentro de la casba de los Oudaya y la Chellah.
🄰 En el centro, junto a la avenida Hassan II

Jardín Zoológico
Moderno zoológico equipado con todas las atracciones para pasar un día agradable con los niños.
🄰 Cinturón Vert, Yacoub El Mansour
🄾 537 293 794
🄲 www.rabatzoo.ma

Mega Mall
Un gran parque de juegos en un centro comercial con numerosas tiendas y restaurantes.

Grand Piscine de Rabat
🄰 Av. Moustapha Assayeh, Ville Nouvelle

Erg Chebbi

Los niños disfrutarán paseando por las dunas.

Errachidia

Fuente natural de Meski
En pleno palmeral, y es un lugar muy atractivo para el baño.
🄰 18 km hacia Erfoud

Uarzazat

Parque 18 Novembre
Cuenta con algunos animales, aunque su estado de conservación no es bueno.
🄰 En la ctra. de Errachidia

Atlas Film Corporation Studios
Para adentrar a los pequeños y no tan pequeños en los escenarios de películas.
🄾 524 882 223

🄾 Abierto de 8.30-19.30 h
🄴 80 DH

Tinejdad

Parque y piscina municipal
Se accede desde el café Mountazah.
🄰 En la ctra. de Errachidia

Tinerhir

En las gargantas del Todra, el río es adecuado para que los pequeños se baño.

Agadir

Vallée des Oiseaux
Se trata de un pequeño zoológico. Además de variadas aves, tiene juegos.
🄰 Avenida Hassan II

Taroudant

Paseos en calesa por los parajes.

Los niños marroquíes

En general, los niños marroquíes son muy sociables y el niño europeo que viaje por el país confraternizará pronto con ellos. En algunas zonas del Atlas y del sur, decenas de niños persiguen al visitante para pedirle bolígrafos, monedas o golosinas, lo que no resulta precisamente agradable. Hay que remarcar, sin embargo, que esta situación es consecuencia del paso por estos lugares de numerosos turistas que, anteriormente, han repartido tales objetos. Esta actitud irresponsable es, además, la causa de que muchos niños marroquíes hayan abandonado la escuela para dedicarse a perseguir extranjeros. Muchas asociaciones locales están haciendo campañas para concienciar a los visitantes e impedir que sus hijos se conviertan en mendigos.

Dónde divertirse

Fuera de Casablanca (La Corniche) y Marrakech (Géliz) y ciudades costeras como Tánger, Agadir, Tetuán (Martil), Saidía, Esauira… el ambiente nocturno es limitado si lo comparamos con Occidente y se centra sobre todo en las principales avenidas de las ciudades, así como los principales hoteles que suelen disponer de bar o incluso discoteca.

BARES Y DISCOTECAS

Agadir

Redy's Land
Es un bar-restaurante con una amplia terraza agradable y música en vivo.
✉ Avenida Mohamed VI

So Lounge Agadir
✉ Cite Founty P4, Baie des Palmiers.

Papagayo
La mejor opción para bailar a ritmos acelerados de dj´s locales e internacionales.
✉ Hotel Riu Tikida Beach, Chemin des Dunes

Golden Gate
Discoteca con espectáculo de danza oriental.
✉ Avenida 20 Août

Asila

Al Khaima
Este hotel cuenta con la mejor discoteca.
✉ Carretera de Rabat

Boumalne Dadès

Hotel Xaluca Dadès
Cuenta con un bar muy original, donde se puede tomar una copa y disfrutar de unas vistas panorámicas.

Casablanca

Rick's Café
No es el auténtico del film Casablanca (que solo existió en Hollywood) sino una reproducción, pero muy bien hecha.
✉ 248 bulevar Sour Jdid
☎ 522 274 207

Balcon 33
Es uno de los locales de ambiente clásico de la ciudad.
✉ Bulevar de la Corniche

L'Arizona Cabaret Oriental
✉ 4, rue Brahim.
Ofrece espectáculos folclóricos.

VIP Club
Buenos dj´s y ambiente exclusivo.
✉ Rue les Dunes, Aïn Diab

Le Trica

Con la etiqueta de gastropub, es ideal para escuchar música techno o ver partidos de fútbol.
✉ Rue Al Moutanabi

El Jadida

Palais Andalou

El bar de este hotel merece una visita por su decoración.
✉ Bd. Docteur De Lanouy

Fez

Hotel des Merinides

La discoteca de este hotel es la más prestigiosa de la ciudad y disfruta de una situación privilegiada.
✉ En la medina

Marrakech

Chez Ali

Cena con un espectáculo muy completo de danzas folclóricas y fantasía, en un ambiente orientalista un tanto exagerado. Aunque está dirigido básicamente al turismo, no falta el público marroquí.
✉ En el palmeral
☎ 524 307 730
🕐 Cenas

Palais Jad Mahal

Es un recinto enorme, clásico en la noche de Marrakech. Ofrecen espectáculo de bailarinas a las 22.30 h y música en vivo a partir de las 23.30 h.
✉ F. de la Mamounia, Bab Jdid
☎ 524 436 984
🕐 De 19.30 h a 3 h

Bacha Cofee

Café auténtico de moda.
✉ Route Didi Abdelaziz con rue dar el Bacha.

Café Arabe

Exclusiva terraza frecuentada por extranjeros pero también gente bohemia de la ciudad.

✉ Rue Mouassine,184
🌐 www.cafearabe.com

El Fenn

Buenos cócteles y excelentes vistas desde su terraza.
✉ Moulay Abdellah Ben Hussain, Bab Laksour
🌐 www.el-fenn.com

Mequínez

Hotel Bab Mansour

La discoteca de este hotel goza de una excelente fama, y ofrece un espectáculo de bailarinas beréberes.
✉ Calle Emir Abdelkader

Rabat

Amnesia

Es, indiscutiblemente, la discoteca de moda en la ciudad.
✉ Rue Monastire
🕐 De 23.30-4 h

Casa José

Ambiente andaluz en el que no podía faltar el flamenco en directo.
✉ Av. Mohammed V, 279

Café Cinema Renaissance

Situado en la parte superior del mítico cine se organizan actividades y conciertos.
✉ Av. Mohamed V

Tánger

Morocco Palace

Este es un club nocturno que está decorado al estilo árabe, con espectáculo de danza oriental sobre las 21 h.
✉ Av. Prince Moulay Abdellah
☎ 539 938 614

Londons pub

Bar de ambiente con una decoración algo retro donde sirven cócteles y cerveza de barril.
✉ 15 rue Mansour Dahbi

Veladas a ritmo de tamtan

En la mayor parte de los albergues de Erg Chebbi se toca el tamtan hasta bien entrada la noche. Las bebidas alcohólicas suelen aportarlas los clientes, excepto en algunos establecimientos, donde existe licencia para servirlas.

TángerInn Pub

Es otro local de larga tradición entre los más noctámbulos.
✉ 1 calle de Magellan

Dar Nour

Vibrante azotea donde se sirven los mejores cócteles de la ciudad.
✉ Rue Gourna, 20

La Bodega de Tanger

Como su nombre indica tiene una buena selección de vinos, también marroquíes, los fines de semana música en directo.
✉ Rue Allal Ben Abdellah
☎ 539 945 595

555

Moderna discoteca que es la moda de esta nueva y frecuentada Marina Bay.
✉ Tanja Marina Bay

Deportes

Ciclismo

Los palmerales de Skou-ra, Tinerhir y Tinejdad son ideales. En los dos últimos se pueden alquilar BTT (información en los hoteles).

Equitación

Royal Club Equestre
- ✉ Ctra. d'Inezgane, km 6. Agadir
- ☎ 528 333 093

Ferme Equestre Anfa
- ✉ Ctra. d'Azemmour, Ain Diab. Casablanca
- ☎ 660 436 111

Centre Equestre et de Randonnée, Ain Amyer
- ✉ Ctra. d'Imouzzer, km 2. Fez
- ☎ 535 606 421

Club Med Marrakech La Palmeraie
- ✉ Sidi Yahya La Palmeraie
- ☎ 524 425 800
- 🌐 www.clubmed.es

Club Ecuestre Oued Yquem
- ✉ A 20 km por la ctra. de la costa a Casablanca. Rabat

Club de l'Etrier, Boubana
- ✉ En la carretera del Cabo Espartel. Tánger

La Ferma
- ✉ Cabo Negro, entre Tetouan y Ceuta, por la costa

Escalada

Gargantas del Todra
Constituyen el destino predilecto para los amantes de la escalada, con varios centenares de vías de hasta 300 m, a partir de 5º grado superior.
- ✉ En el Gran Atlas, a 15 km de Tinerhir por asfalto

Gargantas de Imiter
Hay un centenar de vías a partir de 5+, con una calidad de roca excelente y un paisaje maravilloso.
- ✉ En el Gran Atlas, a 65 km de Goulmima, por asfalto

Jebel Aroudane y Circo de Taghia
Es un pequeño paraíso para los buenos escaladores. Hay una veintena de vías de entre 400 y 600 m, con dificultades entre 5+ y 7ª. Desde Azilal, se debe tomar la carretera del valle de Bougamés; allí, una pista de 67 km llevará hasta Zaouia Ahansal. El resto se completa andando, en una travesía de entre 2 y 3 h.

Esquí

Estación de Michlifen
Cuenta con una pista negra, una roja y otra para principiantes.
- ✉ En el Atlas Medio, a 17 km de Ifrane

Estación de Oukaimèden
Es la mejor, sin duda, de todo Marruecos.
- ✉ En el Gran Atlas, al sur de Marrakech

Golf

Golf du Soleil
- ✉ Camino de las des Dunes. Agadir
- ☎ 528 337 329
- 🌐 www.golfdusoleil.com

Royal Golf d'Anfa
- ✉ Camino de las des Dunes. Casablanca
- ☎ 662 319 383

Royal Golf Club
- ✉ Ctra. de Casablanca, km 7. El Jadida.
- ☎ 523 352 251

Golf de la Palmeraie
- ✉ En el palmeral. Marrakech
- ☎ 524 334 343
- 🌐 www.palmeraieresorts.com

Golf de Mohamedia

Es uno de los mejores campos de golf de Marruecos.
☎ 523 301 615

Royal Golf Dar Es Salam

El mejor de todos, con 45 hoyos.
✉ Ctra. des Zaërs, km 12. Rabat
☎ 537 755 864

Royal Club de Golf

✉ Carretera del Cabo Espartel. Tánger.
☎ 539 938 925

Observación de aves

Desembocadura del río Moulouya

✉ Entre Nador y Saidia

Merja Zerga

Con flamencos rosa y otras aves que se ven mejor en un paseo en barca.
✉ En Moulay Bousselham

Reserva Sidi Bou Ghaba

Con una laguna donde se sitúa el Centre National d'Education Environnementale.
✉ Mehdia, cerca de la ciudad de Kénitra
☎ 537 747 209
🖥 www.spana.org.ma

Parque Nacional de Massa

En el parque se pueden observar especies raras de aves en el mundo. Existen guías equipados con prismáticos a la entrada del propio parque.

Erg Chebbi

En años de lluvia abundante se forman varias lagunas alrededor de las dunas que se llenan de flamencos, cigüeñas y otras aves.

Pantano Al Mansour Ad Dahabi

✉ Junto a Ouarzazate

Ir al *hammam*

Después de llevar a cabo cualquier actividad deportiva, no hay nada más relajante que ir a un *hammam*. Se trata de un local lleno de vapor, donde los poros se abren al máximo y uno se lava cogiendo el agua de un cubo y echándosela por encima con un cazo. También se pueden contratar los servicios de un masajista. Actualmente muchos hoteles disponen de su propio *hammam*, limpio y bien equipado. Sin embargo, quienes deseen conocer de cerca la vida popular preferirán acudir a un *hammam* público, mucho más grande y económico. Los hay en todas las poblaciones y barrios de cierta importancia.

Pesca de río

Tanto los numerosos lagos del Atlas Medio como los ríos y lagos del Gran Atlas ofrecen buenas posibilidades para la pesca de la trucha, el black-bass, el lucio y otras especies. Es necesaria una autorización de la Administration des Eaux et Forêts, 11 calle du Devoir, Rabat.

Senderismo

Tanto el Gran Atlas como el Jebel Siroua, el Jebel Saghro y el Rif son ideales para la práctica del senderismo, con buenos caminos de mula que discurren por paisajes de gran belleza y son utilizados por la población local para trasladarse de unas aldeas a otras.

Suprateam Travel

Organizan largos paseos a caballo.
✉ 126, Av Bir Anzarane
☎ 0664 903 555
🖥 www.supratravel.com

Aït Trek

✉ Marrakech
☎ 524 832 989
🖥 www.supratravel.com

Surf

Los lugares más adecuados son la playa de Sidi Kaouki (27 km al sur de Essaouira), Safi y Dar Bouazza, al sur de Casablanca. Existe un club en la playa de Tánger.

Fiestas y celebraciones

Enero, febrero y marzo
En los próximos años, el *milud* o aniversario del nacimiento de Mahoma tendrá cita en febrero y, más tarde, en enero. Es la ocasión de la mayor parte de los *musems*.
Festival de las almendras, en Tafraoute.

Abril y mayo
Fiesta de las Rosas en El Kelaa Mgouna, la primera semana de mayo.
Festival Internacional de Música de Merzouga.
Festival Timitar, en Agadir.

Junio y julio
Festival de Música Sacra, en Fez.
Festival Folclórico de Marrakech.
Festival de Música Gnaua, en Essaouira.
Fiesta de Khemlia, cerca de Merzouga.

Agosto
Festival Cultural de Asilah.
Musem de los Aït Hadidou y Festival de las Cumbres, en Imilchil.
Festival Alegría, Chauen.
Musem de Moulay Abdellah, cerca de El Jadida.

Septiembre
Festival de las Andalucías Atlánticas, en la ciudad de Essaouira.

Octubre
Fiesta de los Dátiles, en Erfoud.
Fiesta del Azafrán, en Taliouine.

Noviembre
Fiestas de la Marcha Verde, en todo el país.

Diciembre
Festival de Cine de Marrakech.

Los *musems*

Un *musem* es una celebración popular que se desarrolla en torno a la tumba de un santo y suele incluir actividades de diferentes tipos, desde mercantiles hasta folclóricas, pero sin olvidar nunca su carácter religioso. Algunos *musems,* como el de los Aït Hadidou en el Gran Atlas o el de El Hart n'Igourramen en Tinerhir, son básicamente grandes zocos anuales. Otros muchos tienen un marcado carácter sacro, con cánticos y desfiles de las cofradías sufíes. Algunos *musems* siguen el calendario solar, pero la mayor parte se hallan ligados al calendario islámico, principalmente a la semana que sigue al *milud* o aniversario del nacimiento del profeta.

La fiesta de Aid el Kebir

Llamado también Aid el Adha, el Aid el Kebir o "fiesta grande" tiene su origen en la pascua hebraica y conmemora, por lo tanto, el sacrificio de Abraham. En Marruecos, como en todo el mundo musulmán, constituye la principal celebración del calendario. Ese día se paralizan todas las actividades y, tanto para los artesanos como para los obreros, comporta un mínimo de una semana de descanso. La fiesta tiene un carácter eminentemente familiar y quienes trabajan lejos de sus hogares acuden a ellos para la ocasión, reuniéndose todos en la casa solariega.

El festejo se inicia con una oración comunitaria de los hombres en una explanada especialmente reservada para esta ocasión, llamada *msala*. Después de rezar, cada uno se dirige a su domicilio para degollar un borrego, ya sea en la azotea, en el patio o en la calle. Este sacrificio no constituye una verdadera obligación desde el punto de vista religioso, pero tiene tanto peso en las costumbres marroquíes que incluso las familias más pobres lo llevan a cabo y no son pocos los ricos que, al acercarse la fecha, regalan borregos a sus vecinos desfavorecidos como un acto de piedad.

Ese mismo día todo el mundo almuerza pinchitos de hígado y de corazón, tras lo cual se rinden visita unos a otros envueltos en sus mejores trajes. A la hora de cenar se suele preparar el cuscús con tripas y a partir del día siguiente se va consumiendo la carne de diferentes modos, unas veces a la plancha, otras guisada con ciruelas o con verduras en el interior de un *tayín* y otras al vapor con la misma cacerola llena de agujeritos que se usa para el cuscús.

Antiguamente también se hacía una conserva llamada *jalí*, a base de carne secada al sol y salada, pero hoy en día los frigoríficos permiten alargar el periodo de consumo del borrego fresco. De todos modos, como las familias son por lo general bastante numerosas y no prueban otro alimento en todo el día, este no suele durar más de una semana, en el mejor de los casos. Después de esto no queda más remedio que volver al trabajo para poder adquirir nuevas vituallas.

Información Práctica

▌ Embajada y Consulado

Madrid
✉ Serrano, 179
☎ 91 563 10 90
🖱 www.embajada-marruecos.es

Barcelona
✉ C. de Pujades, Sant Martí
☎ 93 289 25 30

Existen también consulados en Palma de Mallorca, Valencia, Alicante, Bilbao, Tarragona, Sevilla, Algeciras y Almería.

ANTES DE PARTIR

▌ Documentación necesaria

- Pasaporte: obligatorio.
- Carta Verde.
- Permiso de conducción (nacional): obligatorio (si se va a conducir en el país) y permiso de circulación del vehículo.
- Recomendable un seguro de viaje.

▌ Cuándo ir

Temporada alta:
En el norte y en toda la costa hasta Esauira: julio, agosto, Semana Santa y fin de año.
En Fez, Mequínez y el Atlas Medio: de junio a octubre, Semana Santa y fin de año.
En Marrakech: todo el año.
En la ruta de las casbas y el Anti-Atlas: de febrero a mayo, de septiembre a noviembre y la semana de fin de año. En la costa de Agadir hacia el sur: de diciembre a abril.

DURANTE LA ESTANCIA

▌ Llegada

En avión
Hay vuelos de *Iberia* y de *Royal Air Maroc* a Tánger, Casablanca y Marrakech desde Madrid, Barcelona, Málaga, Bilbao y Las Palmas. TAP tiene vuelos desde Madrid y Barcelona vía Lisboa a Casablanca. Air France vía París a Casablanca y Rabat. También existen vuelos de bajo coste a Casablanca, Tánger, Fez y Marrakech desde diferentes aeropuertos españoles (www.airarabia.com, www.ryanair.com y www.vueling.com).

- Aeropuerto de Casablanca
Distancia al centro: 30 km.
Duración del trayecto: tren (45 minutos), autobús (60 minutos), taxi (40 minutos).

- Aeropuerto de Marrakech
Distancia al centro: 6 km.
Duración del trayecto: autobús (20 minutos), taxi (unos 10 minutos).

- Aeropuerto de Tánger
Distancia al centro: 15 km.
Duración del trayecto: taxi (20 minutos). No existe transporte público.
También hay vuelos desde España a Nador, Rabat, Uarzazat, … que tienen aeropuerto. Desde Barcelona,

Algeciras y Tarifa a Tánger. Desde Algeciras a Ceuta. Desde Almería a Melilla y Nador. A Alhucemas en verano se puede llegar desde Motril.

En barco
Se puede llegar a Nador, a Tánger.

Por tierra
Las fronteras de Ceuta y de Melilla están abiertas permanentemente. Suelen sufrir largas colas sobre todo en verano. Se debe llevar la documentación del coche en orden, así como la carta verde.

I Moneda y cambio
La moneda marroquí es el dirham (DH). Por 1 euro se obtienen aproximadamente 11 DH. Circulan monedas de 1, 2, 5 y 10 DH, así como de 10, 20 y 50 céntimos. Los billetes son de 20, 50, 100 y 200 DH.
Para cambiar los dirhams sobrantes por moneda extranjera pueden pedir el recibo de haber obtenido previamente estos dirhams, sobre todo si es una cantidad importante.
Las tarjetas de crédito se aceptan en muchos hoteles, en la mayor parte de las tiendas de artesanía y en los bancos. Estos últimos cuentan por lo general con cajeros automáticos. La mayor parte de los bancos cambian asimismo cheques de viaje. En Marruecos es preferible llevar euros a cualquier otra divisa. Los bancos a menudo no aceptan los billetes de 100 $ americanos, debido a la existencia de muchos falsificados. Los billetes pegados con celo o deteriorados no serán aceptados. Hay oficinas de cambio en los aeropuertos, puertos de mar y las fronteras terrestres, con un horario bastante más amplio que los bancos, con el mismo curso y con menos colas. También hay hoteles que cambian divisas y cheques de viaje, pero se recomienda hacerlo solo si son establecimientos de mayor categoría pues son los únicos que pueden obtener la pertinente autorización. Es aconsejable no quedarse sin efectivo en fin de semana. Si sobra moneda, se puede volver a cambiar en euros en las fronteras de salida, presentando el recibo bancario.

I Hora oficial
No hay horario de verano es GMT/UTC+1, una hora menos que en la Península.

I Aduanas
Permitido:
Bebidas alcohólicas: teóricamente 1 litro, pero en la práctica hay mucha tolerancia.

I Oficinas de turismo

Madrid
✉ Ventura Rodríguez, 24, 1º izda
☎ 91 5412 995

Agadir
✉ Plaza Prince Héritier
☎ 488 463 77

Casablanca
✉ 55 calle Omar Slaoui
☎ 522 271 177

Errachidia
✉ 44 av. Prince Moulay Abdellah
☎ 535 570 944

Fez
✉ Plaza de la Résistance
☎ 535 623 460/ 535 941 270

Ifrán
✉ Plaza du Syndicat
☎ 535 566 821

Marrakech
✉ Plaza Abdelmoumen Ben Ali
☎ 444 362 39

Mequínez
✉ Plaza Istiqlal
☎ 535 524 426

Ouarzazate
✉ Avenida Mohamed V
☎ 524 882 485

Oujda
✉ Plaza 16 Août
☎ 536 685 631

Rabat
✉ 22 Avenida Alger
☎ 537 730 562

Safi
✉ 26 calle Imam Malek
☎ 524 622 496

Tánger
✉ 29 bulevar Pasteur
☎ 399 480 50

▌ Mapas topográficos y de carreteras

En teoría, se pueden adquirir mapas topográficos de Marruecos a escala 1/250.000, 1/100.000 y 1/50.000 en la División de Cartografía del Ministerio de Agricultura, avenida Hassan II, Rabat, y también en el cadastro de las principales ciudades. No obstante, en la práctica solo venden los de algunas zonas del Gran Atlas, muy frecuentadas por el turismo, como los macizos de Toubkal o de Mgoun.

En cuanto a los mapas de carreteras existen diversas editoriales que cartografían con detalle, sobre todo la mitad norte del país siendo prácticas y actualizadas las ediciones del detallado *FISA-Escudo de Oro* (Georama), el popular *Michelín* o *Reise Know-How*, que es un práctico mapa impermeable y también es a escala 1:1 millón. Práctico también es el mapa de carreteras y turístico *Chouflook* a escala 1.500.000 (www.chouflook.com).

Tabaco: 200 cigarrillos.

Cámaras de vídeo y ordenadores: si se consideran de alto valor se anotan en su pasaporte y está obligado a llevarlos a la salida.

Vehículos: uno por persona. Se anota en su pasaporte y no puede salir del país sin él.

No permitido:

Pornografía en cualquier soporte.

Narcóticos. La sola tenencia de cualquier tipo de droga, incluido el hachís, da lugar a penas de cárcel por pequeña que sea la cantidad.

La moneda marroquí no se puede importar ni exportar (tolerancia: 1.000 DH).

▌ Fiestas nacionales

- **1 enero:** Año Nuevo
- **11 de enero:** Manifiesto de la Independencia
- **1 de mayo:** Día del Trabajo
- **30 de julio:** Fiesta del Trono
- **14 de agosto:** Ocupación de Río de Oro
- **20 de agosto:** Conmemoración del destierro de Mohamed V
- **21 de agosto:** Fiesta de la Juventud
- **6 de noviembre:** Aniversario de la Marcha Verde
- **18 de noviembre:** Retorno de Mohamed V del exilio

Hay, además, cuatro fiestas religiosas, cuyas fechas varían en función del calendario musulmán.

▌ Horario comercial

- Oficinas de la Administración: 8.30-18.30 h de lunes a viernes.
- Bancos: 8.30-18.30 h de lunes a viernes.
- Comercios: De 10 a 19 h de lunes a sábado.
- Restaurantes de 12 a 15 h y de 19 a 22 h.

Durante el Ramadán cambian los horarios y costumbres y desde el amanecer hasta la puesta de sol no se puede comer, beber, fumar… Con el iftar se rompe el ayuno; muchos restaurantes ofrecen un opíparo menú iftar.

▌ Transporte público

- **Vuelos internos:** existen vuelos de **Royal Air Maroc** entre Casablanca y las principales ciudades del país. **Aeropuerto de Casablanca Mohamed V** (telf. 522 539 040, www.royalairmaroc.com, www.onda.ma).
- **Trenes:** el tren es un medio de transporte muy confortable, pero más lento aún que el autobús y limitado a unas determinadas zonas. **ONCF** (telf. 090 203 040, www.oncf.ma). El tren de alta velocidad Al Boraq une por ahora Casablanca con Rabat y Tánger.

- **Autobuses:** hay numerosas compañías, con servicios de una calidad muy variable. Por lo general resultan lentos a causa de las múltiples paradas que efectúan. Los mejores son los de **Supratours** (empresa dependiente de la ONCF). Le sigue la **CTM** y, por último, las compañías particulares.

- **Autobuses urbanos:** este es un medio de transporte poco accesible a los visitantes, pues en muchos casos no llevan cartel alguno anunciando su destino, o lo llevan solo en árabe. Además, para una distancia corta, un taxi entre tres personas cuesta lo mismo que el autobús.

- **Taxis:** los hay de dos tipos. Los pequeños solo circulan por el interior de las ciudades, admiten un máximo de tres pasajeros y en principio se rigen por un taxímetro, salvo en algunas poblaciones pequeñas, donde aplican una tarifa fija. Los taxis grandes admiten 6 pasajeros, se utilizan básicamente para salir fuera del casco urbano y resultan mucho más caros que los pequeños. Existen asimismo líneas concretas de una población a otra (taxis colectivos) donde los viajeros se van sumando de uno en uno hasta completar el vehículo.

Conducir

- Velocidad máxima en autopistas: 120 km/h
- Velocidad máxima fuera de zonas urbanas: 100 km/h
- Velocidad máxima en zonas urbanas: 40 km/h
Estos límites son muy estrictos y existen numerosos radares para evitar que se sobrepasen.

- Cinturón de Seguridad: es obligatorio su uso por parte del conductor y del copiloto, excepto en los transportes públicos y los taxis.

- Controles de carretera: son muy frecuentes. Si una placa indica *"halte, gendarmerie"* hay que detenerse y esperar a que den el paso.

- Gasolineras: las hay en todas las poblaciones importantes. Actualmente casi todas disponen de gasolina sin plomo. **Afriquia** suele ser la marca que dispensa combustible más económico.

- Talleres: presentes en todas las poblaciones de mínima importancia. Los mecánicos suelen ser muy hábiles. Por el contrario, no siempre se encuentran las piezas de recambio necesarias.

- Red de autopistas: Marruecos ha desarrollado sus autopistas en los últimos años. Con una red de casi de 1.900 km de vías rápidas –2 y 3 carriles– se une las principales ciudades del país. Es normal que se abra cada año nuevos tramos. Los precios son razonables porque así se evitan los riesgos de carreteras nacionales y locales.

Electricidad

La corriente es de 220 V y los enchufes son como los de España.

Travías urbanos

RABAT- SALÉ (www.tram-way.ma). Hay dos líneas para visitar la ciudad y desplazarse de punta a punta. pasando por la medina. De 6-24 h.

CASABLANCA (www.casatramway.ma). De 5.30-0.30 h. Una línea de 45 km de largo que conecta toda la zona emblemática de la ciudad: desde la Cornisa a los principales centros comerciales, centro financiero y la medina. Con el mismo tícket se puede usar el autobús urbanos.

Teléfono

Para llamar a Marruecos desde España: 00212 y el número del usuario sin el cero inicial.

Para llamar a España desde Marruecos: 0034 y el número del abonado.

El teléfono móvil funciona con absoluta normalidad. Delante del número del teléfono (8 cifras) se añade un (5) y lo mismo (6) si se llama a un móvil. Los teléfonos públicos que funcionan con monedas se hallan en el interior de *teleboutiques,* donde una persona facilita el cambio. Las cabinas de la calle funcionan con tarjetas. Los locutorios con contador de pasos son casi inexistentes, pero algo más económicos que las *teleboutiques,* que no tienen unificadas sus tarifas.

Propinas

- Cafés, bares y restaurantes: 10%. En algunos, viene ya indicado en la cuenta.
- Vigilantes de aparcamientos: de 2 a 3 DH durante el día. De 10 a 20 DH por la noche. Incluso en algunos lugares, como la medina de Marrakech, es mucho más caro.
- Baños: 1 DH, incluso en el interior de una cafetería.
- Guías de museos y monumentos: de 10 DH a 30 DH, en función de sus explicaciones.

Sanidad

- **Vacunas:** no se necesita ninguna vacuna para viajar a Marruecos.
- **Medidas de prevención:**
- Protéjase del sol con sombreros, gafas oscuras y cremas.
- Beba solo agua embotellada.
- En zonas y épocas de mucho calor, son más saludables las carnes a la parrilla que los guisos y ensaladas.
- **Asistencia médica:**
- En todas las ciudades hay médicos privados. Se puede utilizar el seguro de asistencia en viaje para abonar el importe de la consulta, presentando la factura.
- En los hospitales públicos atienden gratuitamente las emergencias y pasan consulta médica.
- En las grandes ciudades hay clínicas privadas, la mayor parte de las cuales tienen contratos con los seguros de asistencia en viaje.
- **Medicamentos:**
- Hay farmacias en todas las poblaciones de importancia.
- Existen los mismos medicamentos que en España, pero con diferente nomenclatura.

Descuentos

- **Carnés de estudiante:** son de muy escasa utilidad en Marruecos.
- **InterRail:** es válido para los trenes marroquíes, igual que en Europa.
- **Hoteles:** en temporada baja, muchos hoteles –pero no todos– conceden descuentos si se solicitan.

Salida del país

- La frontera con Mauritania está abierta sin restricciones.
- La frontera con Argelia de momento está cerrada.
- Es conveniente llegar con tiempo a los aeropuertos y muelles de los transbordadores para efectuar los trámites policiales y de aduana.

Idioma

Las personas que trabajan en el sector turístico hablan francés y, con frecuencia, inglés e incluso español. Pervive algo el español en zonas que fueron colonizadas por España como el norte, Ifni y el Sahara. Existen diversos Centros Cervantes para la difusión y el conocimiento del castellano. Decir algunas palabras en árabe será útil cuando se trate con gente que no conoce otro idioma, pero su pronunciación es tan difícil que en muchos casos no llegarán a entenderle.

Idioma

Español	Francés	Árabe marroquí
Transporte		
La estación de autobuses	La gare routière	Al mahata del quirán
La estación de tren	La gare de train	La gare
La avenida...	L'avenue...	Shari...
La calle...	La rue...	Zanka...
A la derecha	À droite	Ala al imín
A la izquierda	À gauche	Ala al isar / ala shemen
Comer		
Agua mineral	Eau minérale	El ma madani
Pan	Du pain	El jobz
Pollo	Du poulet	Dyay
Carne	De la viande	El leham
Pescado	Du poisson	El hut
Verduras	Des legumes	El jodra
Huevos	Des oeufs	El beid
Té	Thé	Atai
Café	Café	Cahua
Cortado	Café cassé	Cahua mersa
Café con leche	Café au lait	Cahua halib
Varios		
Uno	Un	Uáhed
Dos	Deux	Zuy
Tres	Trois	Telata
Cuatro	Quatre	Arbaa
Cinco, seis, siete	Cinq, six, sept	Jamsa, setta, sebaa
Ocho, nueve, diez	Huit, neuf, dix	Temania, tesaa, ashara.
Cien, mil	Cent, mille	Miia, álef
Barato	Moins cher	Rejís
Caro	Cher	Gali
Sí	Oui	Naam, ie
No	Non	La
Hola	Bonjour	Salam aleicum
¿Todo bien?	Ça va?	¿Labas? ¿Bijer?
Perdón	Pardon	Esmahli
Adiós	Au revoire	Bisalama
Grande	Grand	Kebir
Pequeño	Petit	Seghir
No entiendo	Je ne comprends pas	Ma fahamshi

Índice de lugares